AI와 미래 교육

AI문고

인공지능 시대입니다. 기계가 인간의 인지를 대신하고, 사물이 인간을 통하지 않고 다른 사물과 직접 커뮤니케이션합니다. 이에 따른 인간 삶과 문명 변화를 정확히 이해·예측·대응하는 것은 이 시대 우리 모두의 과제입니다. AI문고는 인공지능 기술과 환경의 여러 주제를 10가지 키워드로 정리합니다. 관련 개념과 이론, 학계와 산업계의 쟁점, 우리 일상의 변화를 다룹니다. 인간과 기술의 현재, 미래를 세심히 분석합니다.

일러두기

- 인명, 작품명, 저서명, 개념어 등은 한글과 함께 괄호 안에 해당 국가의 원어를 병기했습니다.
- 외래어 표기는 현행 어문규정의 외래어표기법을 따랐습니다.

처음이세요?

전문가세요?

AI와 미래 교육

유정수

대한민국, 서울, 커뮤니케이션북스, 2025

AI와 미래 교육

지은이 유정수
펴낸이 박영률

초판 1쇄 펴낸날 2025년 11월 14일

커뮤니케이션북스(주)
출판 등록 2007년 8월 17일 제313-2007-000166호
02880 서울시 성북구 성북로 5-11
전화(02) 7474 001, 팩스(02) 736 5047
commbooks@commbooks.com
www.commbooks.com

ISBN 979-11-430-1234-0 03500

책값은 뒤표지에 표시되어 있습니다.

차례

AI에 의한 교육의 진화

성장 교육

'농업으로서의 교육(education as agriculture)'을 제안한 중국 교육학자 예사오췬(葉成濤)은 교육을 산업 관점이 아니라 농업 관점에서 바라보았다. 그는 학생들의 성장이라는 자연법칙을 존중하고 진심 어린 사랑을 바탕으로 학생 개인에 맞는 교육을 요구했다. 여기서 농업은 산업으로 조작되지 않은, 작물이 자연의 변화에 따라 자라게 하는 전통 농업을 의미한다(Chen, 2023).

당시는 산업화 사회가 가속화되고 있었고 이러한 사회적 배경에 있는 사람들이 교육에서도 산업화 모델을 채택하여 학교를 공장과 기업으로, 교실 교육을 생산 작업장으로, 수업 계획을 생산계획으로, 교사를 생산 설비의 작업자로, 학생을 가공 제품으로, 시험과 점수를 제품 품질 검사로 간주했다. 이런 교육은 학생들의 성장 순서와 단계를 무시할 뿐만 아니라 시험 기계로 취급하여 학생들은 하루 종일 책 속에 파묻혀 있어 신체적, 정신적 건강과 발달에 심각한 영향을 끼쳤다(Chen, 2023).

이제라도 우리는 주입식 교육 방식이 아니라 학생들의 성장이 개인별로 다르고 특성이 다르다는 점을 존중하며, 교사와 학생의 조화로운 관계, 이해, 신뢰를 구축하는 데 주의를 기울여야 할 것이다. 이는 존 듀이의 '성장으로서의 교육(education as growth)'이라는 교육 사상과 일맥상통한다(Eamonn, 1982).

'교육은 성장이다'라는 은유는 교육자 존 듀이(John Dewy)가 처음 제시했다. 성장은 외부에서 활동에 부가하는 것이 아니라, 활동 자체가 스스로 해내는 것으로, 이는 교육의 목적이 학생들의 내적 본능을 키우고 내적 성장의 다양한 요구를 충족하는 것임을 보여 준다. 수평적 관점에서 내적 성장은 사회화 과정을 포함한다. 사회에 진입하기 전에 학생들은 기본적인 사회적 지식과 대인 관계 지식을 습득해야 한다(듀이, 2017).

따라서 우리는 학교 교육을 '교육은 농업이다'라는 사상을 바탕으로, '교육은 성장이다'라는 관점으로 방향을 잡고 그 핵심 의미를 분명히 해야 한다.

학생들의 내적 성장의 동반자로서 AI

빠르게 변화하고 초연결된 우리 세상에서 AI는 어디에나 존재하고 있다. AI는 온라인 쇼핑을 돕는 것부터 학교 지원까지 우리 곁에 있으면서 삶을 더욱 효율적으로 만들어 준다. 우리는 종종 속도, 생산성 및 정확성 측면에서 AI를 언급한다. 몇 초 만에 정보를 찾고, 문서를 생성하며, 대화를 시뮬레이션할 수도 있다. 또한 AI는 단순한 실용적인 도구 차원을 넘어 내면의 여정 동반자로 사용할 수 있는 더 깊은 인간적인 가능성을 지닌다.

전반적으로 교육에 AI를 사용하는 것은 우리가 배우고 성장하는 방식에 혁명을 일으키고 있다. AI의 도움으로 각 학생의 개별 요구와 선호도에 맞게 학습경험을 맞춤화할 수 있다. 이는 학습을 더욱 흥미롭게 만들 뿐만 아니라 학생들의 성공에 필요한 지원을 받을 수 있도록 하는 데도 도움이 된다. 특히 학생들의 자기 계발과 개인적 성장 여정에 유용하다. AI가 개인 계발에 사용되는 방법의 하나는 경력 개발 도구를 이용하는 것이다. 이러한 도구는 자연어 처리(natural language process) 및 기계학습 알고리즘(machine learning algorithm)을 사용하여 자신의 강점과 약점을 식별하고, 직업 옵션을 탐색하며, 개인화된 계발 계획을 수립할 수 있도록 돕는다. 또한 이러한 도구는 개인이 선택한 직업에서 잠재력을 최대한 발휘할 수 있도록 실시간 피드백, 지침 및 자원도 제공할 수 있다. 또한 AI 기반 정신 건강 앱은 자신의 감정과 행동을 더 잘 이해하고 관리할 수 있도록 개인화된 지침과 지원을 제공하여 정신 건강과 전반적인 참살이(well-being)를 개선하는 데 도움을 준다. 개인 계발에서 AI를 적용하는 또 다른 흥미로운 응용 프로그램은 가상 코치와 멘토다. AI 기반 가상 비서는 개인에게 목표 달성에 도움이 되는 맞춤형 지침과 지원을 제공한다. AI 기반 가상 코치는 개인적, 직업적 목표 설정 및 달성부터 피드백 및 자원 제공에 이르기까지 개인이 잠재력을 최대한 발휘하고 열망을 달성하도록 돕는다.

교육에서 AI는 학생들에게 힘을 실어 주고, 성장하고, 성찰할 기회를 제공한다. 따라서 AI를 두려움이 아니라 호기심과 열린 마음으로 받아들일 때 인간이 된다는 것이 무엇을 의미하는지에 대한 더 깊은 이해를 얻게 될 것이다.

교육 환경의 진화

교육 환경은 기존의 지식 전달 방식인 '푸시(push) 시스템'에서 학생들이 능동적으로 정보를 찾고 검색하는 기술 기반 '풀(pull) 시스템'으로 전환하는 혁신적인 변화를 겪고 있다. 이러한 근본적인 변화는 단순한 기술적 진화를 넘어 인간이 지식 및 학습과 상호작용을 하는 방식에 대한 완전한 재구상을 의미한다.

푸시 방식에서 풀 방식으로의 교육 전환은 인류 학습의 역사에서 중요한 변화 중 하나다. 수 세기 동안 교육은 지식 보유자(교사, 교수, 전문가 등)가 학습자에게 체계적이고 순차적인 방식으로 정보를 전달하는 모델을 따랐다. 푸시 방식의 교육 시스템은 교사가 학생들이 알아야 할 내용을 정확히 알고 있고, 정보는 선형적인 방식으로 전달되며, 학습은 구조화되고 통제된 환경에서 가장 잘 이루어진다는 가정을 바탕으로 구축되었다. 이러한 가정은 지식이 비교적 안정적이고 진로가 예측할 수 있는 세상에서 의미가 있었다. 학생들은 미리 정해진 일련의 사실과 기술을 배우게 되고, 이는 직업 생활 전반에 걸쳐 도움이 되었다(Fisher, 2024.10.24). 이런 교육 시스템은 정보가 부족하고 지식에 대한 접근이 제한적이었던 시대에 맞게 설계되어 당시에는 효과적이었다.

인터넷의 등장은 시·공간의 제약을 극복하고 교육 격차를 해소하며 교육 평등을 증진하는 효과적인 수단이 되었으며 교수·학습 방식에 혁명을 일으켰다. 전통적인 교수·학습 방식을 역동적이고 접근할 수 있으며 개인화된 교육 시스템으로 재편했다. 인터넷과 새로운 디지털 기술은 교육의 디지털화를 지원했다. 디지털 혁명으로 인해 인터넷을 기반으로 정보에 대한 접근을 민주화하여 지식이 넘쳐나는 세상을 만들었다. 검색 엔진, 소셜 미디어 플랫폼, 온라인 학습 자원은 누구나 언제든지 모든 정보에 접근할 수 있는 환경을 조성했다.

또한 AI 기술의 급속한 발전으로 인해서 이러한 진화는 극적으로 가속화되었으며, 교육 접근 방식과 우선순위에 대한 근본적인 재설계를 요구하고 있다. 정해진 순서에 따라 교사로부터 학생에게 지식을 전달하는 전통적인 교육 모델은 학생들이 호기심과 실제적인 필요에 따라 정보를 끌어오는 역동적이고 개인화된 접근 방식으로 바뀌고 있다. 이러한 변화는 단순히 새로운 기술을 도입하는 것에 그치지 않고 학습에 관한 생각 자체의 전환을 의미한다. AI가 주도하는 세상에서는 정보를 효과적이고 윤리적으로 검색, 평가, 적용하는 능력이 정보 자체만큼이나 중요해지고 있다. 이러한 변화는 새로운 교육적 접근 방식과 수정된 교육과정, 그리고 21세기 교육의 의미를 다시 살펴볼 필요성을 제기하고 있다.

AI로 가속화되는 풀 기반 교육 시스템으로의 전환은 단순히 교육 제공 방식의 변화를 넘어, 인간이 지식과 학습을 접하는 방식에 근본적인 변화를 의미한다. 이러한 변화는 엄청난 기회와 중대한 책임을 동시에 안겨 준다.

따라서 우리는 인간의 주체성을 유지하면서 변화를 수용해야 할 것이다.

교육의 미래는 인간 지능과 AI 중 하나를 선택하는 것이 아니라, 두 지능을 활용하여 이 둘의 합보다 더 큰 것을 창조하는 것이다. 교육 분야에서 인간 지능과 AI의 융합은 양질의 교육에 대한 접근성 민주화, 대규모 학습 개인화, 평생 학습 활성화, 글로벌 협력 촉진 등을 가속할 수 있는 잠재력을 지니고 있다. 우리가 앞으로 나아갈 때, 성공의 열쇠는 이러한 변화에 저항하는 것이 아니라, 신중하고 의도적으로 변화를 만들어가는 데 있다. 이러한 변화를 어떻게 구현할지에 대해 오늘날 우리가 내리는 결정은 미래 세대에 지속적인 영향을 미칠 것이다.

교육 패러다임의 전환

오랫동안 교육은 생존에 필요한 도구를 제공하는 중요한 역할을 해 왔다. 사람들은 먹고살기 위해 일자리가 필요하고, 일자리를 얻으려면 일하는 법을 배워야 한다. 교육은 모든 사회에 필수 부분이었다. 하지만 세상은 변하고 있으며, 우리도 그에 맞춰 변화해야 한다.

오늘날 교육의 의미는 무엇일까? 현재의 교육은 어떤 모습일까? 교육을 통해 학생들이 성장할 수 있는가? 오늘날 우리의 교육 모습을 돌아보자. 학교는 시험, 성적, 시대에 맞지 않는 다양한 과목들을 배우는 데 집중할 뿐, 새로운 시대에서 요구되는 사고방식과 관점을 성장하고, 발전하고, 확장하는 데에는 미흡하다.

그러나 최근 몇 년 동안 큰 변화를 겪었다. AI 기술의 도입으로 교육 패러다임이 전통적인 교사 중심에서 학생 중심의 수업 방식으로 전환되고 있다. 이는 학생의 학습경험 효과와 질을 향상하고 급변하는 세상에 대비할 수 있도록 한다. 그리고 교육을 직업 확보 수단으로 보는 전통적인 관점에서 개인 발달을 향한 더욱 포괄적인 접근 방식으로 발전했다.

또한 학생들에게는 지식 습득 능력보다 급변하는 세상의 삶에 대한 도전, 적응력, 비판적 사고, 그리고 협업 능력이 점점 더 중요해지고 있다. 이러한 변화는 기술적으로 진보된 사회의 요구에 대한 더 나은 이해를 반영한다. 이러한 교육 패러다임의 변화는, 학생들이 미래의 도전에 더욱 효과적으로 대비하고, 필수 기술을 함양하며, 지속적인 학습과 적응을 촉진하는 환경을 조성하는 데 필수다. 새로운 교육 체계에서 학생들은 자신의 관심사와 능력에 따라 자신을 표현하고, 탐구가 가능하다. 이러한 변화는 세상을 긍정적으로 헤쳐 나가고 이바지할 수 있는 유능하고 회복력 있는 개인을 육성하는 데 매우 중요하다.

이를 달성하기 위해 교육 시스템은 협력 학습, 학생 중심 접근 방식, 교사의 촉진적 역할 및 새로운 평가 방법 등 패러다임 전환의 핵심 요소를 채택해야 한다. 이러한 지속적인 패러다임의 변화는 미래의 도전에 맞설 수 있는 회복력 있고 혁신적이며 다재다능한 인재를 육성하는 데 매우 중요하다. 이러한 변화를 수용하고 포괄적인 발전을 우선시함으로써, 우리는 학생들이 급변하는 세상에서 성공할 수 있도록 준비시켜야 한다.

안타깝게도 우리의 교육 시스템을 완전히 바꾸기는 거의 불가능하다. 따라서 우리가 할 수 있는 일은 미래를 대비한 균형 잡힌 교육을 위해 몇 가지 변화를 주는 것이다. 교육의 진정한 의미를 되새기는 것이 가장 중요하다. 교육은 학생들이 배움을 통해 더 나은 사람이 되게 하는 것이다.

그럼 이를 실천하기 위해서 우리는 어떻게 해야 할까? 우리가 Z 세대나 알파(α) 세대 학생들의 학습경험을 향상하기 위해서는 배우고 가르치는 방법을 조정해야 한다. 풍부한 정보의 홍수 속에서 학생들에게 교사는 더 이상 지식의 근원이 아니다. 교사는 효과적인 교수법을 장려하기 위해 조정자의 임무를 수행해야 한다. 학생들은 더 이상 교과서와 교실 수업에만 의존하지 않고도 온라인 자료를 통해 학습을 보완하고, 세계적인 토론에 참여하며 지식을 얻을 수 있게 되었다. 이러한 변화는 전통적인 교육의 위계질서와 지식 전달 방식에 대한 패러다임 전환을 요구한다. 문제는 교사나 학생들이 정보에 현명하게 접근하는 것이다. 정보가 풍부한 세상에서 중요한 기술은 판별력, 평가, 종합 능력이다. 방대한 데이터 바다에서 관련성 있고 정확한 정보를 효과적으로 추출하는 능력은 단순히 정보를 소유하는 것보다 중요해졌다.

AI 도구의 등장은 이러한 변화를 기하급수적으로 가속했다. AI는 개인 맞춤형 학습, 지능형 콘텐츠 큐레이션 및 자동 평가에 새로운 가능성을 제시했다. 이러한 도구는 단순히 정보에 대한 접근을 제공하는 데 그치지 않고, 이전에는 불가능했던 방식으로 정보를 처리, 분석, 그리고 맥락화하는 데 도움을 줄 수 있다. 이는 학생들이 정보를 추출할 뿐만 아니라 AI를 활용하여 정보를 이해하는 시스템으로, 교육 여정의 가장 최근의 진화를 보여준다(Chetry, 2024).

AI 가정교사와 지능형 교과서의 부상

끊임없이 진화하는 교육 환경에서 AI 가정교사(tutor)라는 강력한 힘이 등장했다. 이 디지털 교육자는 우리가 배우고 가르치는 방식을 재편하고 있다. 앞으로 AI 가정교사가 교육에서 더욱 중요한 역할을 할 것으로 예상된다. AI 가정교사는 AI와 전통적인 교육 방법을 결합한 교육 분야의 획기적인 접근 방식을 나타낸다. 이러한 정교한 시스템은 각 학생의 개별 요구, 학습 스타일 및 속도에 맞게 개인화된 학습경험을 제공하도록 설계되었다.

모든 경우에 적용되는 일률적인 교육 방식의 기존 교실 환경과 달리, AI 가정교사는 모든 학생에게 맞춤형 교육 여정을 제공한다. AI 가정교사는 방대한 양의 데이터와 고급 AI 알고리즘을 활용하여 학생들에게 개인화되고 적응적이며 대화형 교육을 제공한다. 또한 AI는 학습 장애의 초기 징후를 식별하고 시기적절한 개입을 제공하는 데 도움이 될 것이다. 이 기술은 학습 과정을 향상할 뿐만 아니라 교육에 대한 접근성을 높여 학생들이 지리적, 시간적 경계를 초월하여 언제 어디서나 자료에 참여할 수 있도록 해 준다. AI 알고리즘은 학생 성과, 행동 패턴, 사회적 상호작용 등 다양한 소스의 데이터를 분석하여 추가 지원의 필요성을 나타낼 수 있는 패턴을 감지하고 교사가 사전에 개입할 수 있도록 도움을 줄 수 있다. AI는 다양한 학습 요구를 가진 학생들에게 맞춤형 지원을 함으로써 특수교육에 큰 영향을 미칠 수 있는 잠재력을 가지고 있다.

또한 AI는 장애 학생을 위한 의사소통 및 보조 기술을 촉진할 수 있다. 자연어 처리 알고리즘은 음성 인식 및 합성을 가능하게 하여 언어 장애가 있는 학생들이 효과적으로 의사소통할 수 있도록 해 준다. 그리고 컴퓨터 비전 기술은 실시간 물체 인식 및 탐색 지원을 제공하여 시각장애가 있는 학생들을 지원할 수 있다.

교과서는 여전히 주요 교육 방법의 하나다. 오늘날 대부분의 교과서에는 디지털 버전이 있으며 온라인으로 액세스할 수 있다. 디지털 버전의 교과서는 보충 교육 자료 라이브러리와 함께 온라인 교육 서비스의 일부로 배포되고 있다. 최근에는 우리나라도 AI 디지털 교과서(AIDT) 형식으로 제공하고 있다(유정수 외, 2001; 2012; 2017; 2018). 온라인 형식으로 전환된 교과서에는 검색 및 주석, 대화형 콘텐츠 모듈, 자동 평가, 질의응답(Q/A), 챗봇 등을 포함한 다양한 종류의 대화형 기능이 포함되어 있다.

앞으로는 학생들과 디지털 교과서와 상호작용을 향상

하기 위해 AI 기능으로 강화된 지능형 교과서(intelligent textbook)가 더 보편화될 것이다. 지능형 교과서는 개별 학생의 요구에 맞게 동적으로 생성되고 대화형 · 몰입형 학습경험을 제공한다. 시뮬레이션, 멀티미디어 콘텐츠, 실시간 피드백과 같은 기능을 통합하여 학습을 더 매력적이고 효과적으로 만들 것이다(Sergey, 2025).

참고문헌

유정수 외(2001). "전자 교과서 설계 지침 및 모형 개발 연구: 컴퓨터, 영어 교과 중심으로". 한국교육학술정보원.

유정수 외(2012). "디지털교과서 가격 및 유통 체계 연구". 한국교육학술정보원.

유정수 외(2017). "디지털교과서 가격체계 및 온라인 전송방안 연구". 한국교육학술정보원.

유정수 외(2018). "검정 디지털교과서 콘텐츠 조사연구". 한국교육학술정보원.

존 듀이(2017). 《민주주의와 교육(개정증보판)》. 이홍우 옮김. 교육과학사.

Callan, E.(1982). Dewey's conception of education as growth. *Educational Theory, 32*(1), pp.19~27.

Chen, Z.(2023). Growth education: A new concept of elementary education based on 'education as growth'. *Journal of Education and Educational Research, 3*, pp.55~58.

Chetry, K. K.(2024). Transforming education: Paradigm shifts in 21st century learning. *International Journal of Multidisciplinary Research, 2*(5), pp.469~479.

Fisher, B.(2024.10.24). The Evolution of education: From push to pull in an AI-driven world. https://thrilling-single-644.notion.site/The-Evolution-of-Education-From-Push-to-Pull-in-an-AI-Driven-World-12934ce6c96f802bba70da7132b83565

Sergey, S. et al.(2025). Intelligent textbooks. *International Journal of Artificial Intelligence in Education.* https://doi.org/10.1007/s40593-024-00451-9

01
교육 4.0의 모습

기술은 끊임없이 새로운 가능성을 창출하고 새로운 접근 방식, 새로운 사고방식, 새로운 방법론으로 향하도록 교육의 문을 열어 주고 있다. 교육은 미래 기술이 제공하는 무수한 새로운 전망에서 영감을 받을 것이다. 기술을 기반으로 교육이 미래 세대의 변화하는 요구를 충족하도록 어떻게 발전해 나가는지를 설명한다.

기후 위기와 인공지능?

교육 1.0에서 교육 3.0으로 변화 과정 모습

지난 50년 동안 우리가 목격한 기술 발전은 인간의 사회적, 경제적 필요에 따른 순조로운 변화의 과정이었다. 우리는 인터넷의 발전과 연결된 기술로 세상이 얼마나 변하는지 목격하고 체험했다.

이러한 변화 과정에는 교육도 포함되는데 제키 거스타인(Jackie Gerstein)은 교육 1.0, 2.0, 3.0으로 구분했다(Gerstein, 2014).

최초의 교육 모델인 교육 1.0(education 1.0)은 산업 1.0(industry 1.0) 시기에 등장했다. 산업 1.0은 증기기관과 기계화의 획기적인 발명에 크게 힘입어 이루어졌으며, 교육 1.0은 단순한 교육 모델로 교사가 학생이나 학습자에게 지식과 기술을 전달하는 것을 기반으로 했다. 이는 표준화되고 획일화된 방법과 교육과정을 통해 이루어졌다. 교육 1.0의 목표는 학습자가 특정 직업이나 사회에서 역할에 대비할 수 있도록 하는 것으로, 종종 '본질주의 교육(essentialist education)'으로 불렸다. 본질주의 교육은 소수 학생에게 특정 방법으로 특정 기술을 가르치는 교육을 의미한다. 이는 3R, 즉 수용(receive), 반응(responding), 그리고 역류(regurgitation)에 뿌리를 두고 있다. 본질적으로 학생은 지식을 받아들이고, 학습 방법에 반응하며, 마지막으로 아는 것을 역류한다. 1990년대 후반에서 2000년대 초반까지만 해도 교실에서 교사는 학생들에게 지식의 주된 원천이었다. 교사 중심 모델에서 학생들은 웹사이트 등을 통해 정보에 접근할 수 있었으나 이러한 매체는 일방적으로, 학생들은 콘텐츠에 댓글을 달거나 공유하거나 상호작용을 할 수 없었고 다만 온라인 지식의 수동적인 습득만 할 수 있었다 (Gerstein, 2014).

교육 2.0(education 2.0)은 전기와 대량 생산이 발달된 산업 2.0(industry 2.0) 시대에 도입되었다. 교육 2.0은 표준화되고 획일적인 방법을 사용하는 대신, 효율적이고 다양한 방법과 교육과정을 사용하여 교사가 학생에게 지식과 기술을 전달하는 데 중점을 두었다. 교육 2.0의 궁극적인 목표는 학생을 사회의 다양한 직업과 역할에 대비하는 것으로 엄청난 수의 학생들 덕분에 '인본주의 교육(humanistic education)'으로 불리며 탄생했다. 이제 교육은 엘리트나 특권층만을 위한 것이 아닌 모두를 위한 것이 되었다. 그리고 이러한 접근 방식은 3C, 즉 소통, 기여, 협업을 기반으로 하고 있다. 교사는 여전히 지식 공유에 중요한 역할을 했지만, 학습을 지원하는 온라인 자료가 훨씬 많아져 이제 교사만이 정보의 유일한 원천이 아니게 되었다. 이에 따라서 교사와 학생 사이의 직선적인 관계가 모든 학생 자료를 연결하는 원으로 바뀌었다. 교육 2.0은 교육과정 진화에 있어 중요한 이정표가 되었다. 이 개념에 따르면 교육은 학생과 교사, 학생과 학생, 학생과 콘텐츠, 그리고 학생과 전문가 사이에서 이루어진다. 또한 동기식 및 비동기식 소통을 통해 학생들은 지역적으로뿐만 아니라 전 세계적으로 교육 프로젝트 실행이 가능하게 되었다(Gerstein, 2014).

컴퓨터와 인터넷이 발전한 시대인 산업 3.0(industry 3.0)의 교육 모델인 교육 3.0(education 3.0)은 지식과 기술의 접근과 교환을 기반으로 하며, 보다 개인화되고 상호작용 방법과 교육과정을 사용한다. 교육 목적은 학생들에게 역동적이고 복잡한 사회와 세상에 대비할 준비를 하는 것이다. 교육 3.0은 '사용자가 직접 만드는 교육(user-generated education)'으로, 학생 개개인의 요구를 중심으로 구축되었다. 교육 3.0도 3C에 기반을 두고 있지만, 여기에서 3C는 연결(connection), 창조(creation), 구성(construction)을 의미한다. 학생들이 자신의 목표에 가장 잘 부합하는 학습 여정을 스스로 설계할 수 있는 자유와 유연성을 제공했다. 한때 지식의 주된 원천이었던 교사는 안내자로, 학습경험의 원동력이자,

학생들이 교육에서 최대한의 가치를 얻을 수 있도록 돕는 지지자로 역할이 바뀌었다. 따라서 교육 3.0에서는 학생 스스로가 온라인 커뮤니티에서 공유되는 지식 인공물(knowledge artifacts)의 창조자로서 핵심적인 역할을 하게 되었다(Gerstein, J., 2014). 교육 3.0 시대의 또 다른 특징은 콘텐츠가 학생들에게 무료로 개방되고 학생들이 수정할 수 있도록 공유되는 변화다.

교육 4.0 모습

맥킨지의 조사에 따르면, 산업 4.0(industry 4.0)의 결과로 모든 직업의 60%가 업무의 1/3 이상을 자동화할 수 있다고 한다(Mckinsey & Company, 2016). 우리를 항상 연결해 줄 수 있는 기술의 능력으로 인해 고용 책임은 점점 더 유연하고 적응할 수 있게 된다. 산업 4.0의 주요 과제 중 하나는 생산 공정의 지속 가능한 발전과 이러한 공정을 디지털 미디어와 통합하는 것으로 실시간 모니터링 및 진단을 통해 생산성 향상을 목표로 하고 있다. 따라서 산업 4.0 비전을 실현하기 위해서는 잘 계획된 교육과정이 필요하다.

교육 4.0(education 4.0)은 산업 4.0과 연계된 학습 기법으로 첨단 기술과 자동화를 통해 21세기의 요구, 도전

등의 새로운 교육 방식으로 교육의 미래를 변화하는 데 중점을 두고 있다. 이는 고정된 규칙이나 개념이 아니라, 교육의 판도를 뒤흔들 미래지향적인 비전이다(Fisk, 2017). 교육 4.0은 본질적으로 다재다능한 학습경험을 제공하기 위해 학습자 중심(learner-centered), 평생(lifelong), 역량 기반(competency-based), 학제간(inter-disciplinary) 포용적(inclusive) 및 혁신적(innovative), 포괄적이고 총체적인 학습 접근 방식을 제공하기 위한 기능과 원칙이 포함된다. 그리고 학습 과정을 개선하고 변화하기 위해 새로운 기술과 교수법을 활용한다. 여기에는 이러닝(e-learning), 게임화(gamification) 및 AI 등이 포함된다(World Economic Forum, 2023). 이러한 기술을 통해서 교육 4.0은 인본주의 사상(humanist ideas)이 디지털 세계에 통합되는 새로운 시대를 열어 주고 있다. 피스크에 의하면 현재 교육 4.0은 학생에게 언제 어디서나 양질의 원격 학습 기회를 제공하며, 학생들의 학습경험 개인화(personalization), 교육과정 설계 및 업데이트할 때 학생들의 의견 고려 및 교육의 주요 책임은 교사에서 학생에게로 이전되는 추세다(Fisk, 2017).

교육 4.0은 인간과 기계 사이의 정서적 상호작용을 포함한 더욱 심층적인 공생을 통해 새로운 기회를 제공하여 트랜스휴머니즘(transhumanism)을 구현한다고 볼 수 있다(Huxley, 2015). 즉 기술적 지식을 통해 인간을 생물학적 제약에서 해방하고 향상하는 데 초점을 맞춘 교육 시스템과 관행을 재편하기 위한 협력적 행동의 기회를 제공한다. 이러한 교육은 학생, 교사, 사회에 상당한 이점을 주지만, 이를 구현하는 데는 사고방식의 문화, 문화적 변화, 자원 배분, 품질 보증 등의 과제가 따른다. 교육 4.0을 수용한다는 것은 학생, 교사와 사회가 교육을 바라보는 방식을 바꾸는 것을 의미한다. 이를 위해서는 태도와 정책의 문화적 변화가 필요하다. 그러나 이는 항상 쉬운 일이 아니다. 그리고 교육 4.0을 현실로 구현하려면 기술, 교육, 국가 지원 등 많은 자원 및 학생, 교사, 정책 입안자 등 다양한 이해관계자 간의 팀워크가 필요하다.

교육 4.0이 도입된 학교 모습

교육 4.0은, 산업 4.0에서 파생된 아이디어들이 전형적인 구성 요소다. 예를 들어 AI, 사물 인터넷(Internet of Things), 클라우드 컴퓨팅(Cloud Computing), 빅 데이터(Big Data) 분석, 증강 현실(Augmented Reality), 첨단 로봇 및 협동 로봇(Advanced Robot and Cobot) 등이

있다. 이러한 구성 요소 중 교육 4.0은 지속적으로 발전하는 AI에 기반하고 있다. 예를 들어 사물 인터넷을 학교 입구와 각 교실의 출입문에 설치하면 교내에 있는 학생들의 존재를 관찰할 수 있다. 교사는 조직적인 업무 소요 시간을 줄이고 학생들의 학습 진도를 살펴보는 데 더 많은 시간을 할애할 수 있다. 클라우드 컴퓨팅 소프트웨어를 통해서는 학생 과제, 평가 설문 조사 데이터, 녹화 수업 영상 등의 교육 자료를 수집하고 분석할 수 있다. 학교에서 수집된 빅 데이터 분석을 통해서 학교 운영 개선, 각 학생의 교육과정 최적화, 교육 경험 전반에 걸친 학생의 진도 추적, 각 학생의 발달 경로 생성 및 발달장애를 고려하여 학생의 능력에 맞는 교육 요구 사항 조정, 학교 운영의 비용 최적화(물 소비, 전기료) 등을 할 수 있다. 자율적 생산(autonomous production)을 의미하는 자율 프로세스 조직은 최소한의 인간 참여로 교육과정의 구성 요소를 조직할 수 있다. 예를 들어 학년 계획, 수업 시간표 작성 등은 아직 완벽하지는 않지만, 오늘날에는 이미 컴퓨터 도움을 받고 있다. 학교에서 로봇과 코봇 사례는 학교 복도를 청소하는 로봇, 수업을 위한 교육 자료를 준비하도록 설계된 로봇, 특수 교육이 필요한 학생을 지원하는 로봇 등이 있다(Huk, 2021).

교육 4.0의 비전은 학교에서 단계적으로 끊임없이 개발되고 구현되고 있다. 새로운 미디어는 인간의 사회·문화적 삶에 끊임없이 영향을 미치는 요소이기 때문에 학부모, 교사, 그리고 학생들은 새로운 학교 모델에 대해 기대한다. 우리는 디지털 미디어가 교육을 지배하는 것이 아니라, '교육을 촉진하는 역할을 하는', 교육이 의무가 아닌 '즐거움을 주는 새로운 학교'를 원하고 있다.

참고문헌

Fisk, P.(2017). Education 4.0 … the future of learning will be dramatically different, in school and throughout life. https://www.peterfisk.com/2017/01/future-education-young-everyone-taught-together/

Gerstein, J.(2014). Moving from Education 1.0 through Education 2.0 towards Education 3.0. *Experiences in Self-Determined Learning*, pp.83~98.

Huk, T.(2021). From Education 1.0 to Education 4.0_ challenges for the contemporary school. *The New Educational Review*, pp.36~46.

Huxley, J.(2015). Transhumanism. *Ethics in Progress, 6*(1), pp.12~16.

Mckinsey & Company(2016). Where machines could replace humans_ and where they can't (yet). https://www.mckinsey.com/capabilities/mckinsey-digital/our-insights/where-machines-could-replace-humans-an d-where-they-cant-yet

World Economic Forum(2023). Defining Education 4.0: A taxonomy for the future of learning. https://www3.weforum.org/docs/WEF_Defining_Education_4.0_2023.pdf

02
디지털 플랫폼 기반 교육

학교 교실에는 칠판, 화이트보드, 교재 등과 함께 일련의 표준 프로세스와 메커니즘이 숨겨져 있다. 최근에는 학교 교실에 지능화된 인프라로 디지털 플랫폼을 도입하면서 데이터, 학생, 교사, 교육 프로세스를 하나로 통합하고, 교육 활동의 혁신을 촉진하고 있다.

노래하는 AI 보컬?

디지털 플랫폼

일반적으로 플랫폼(platform)은 서 있을 수 있는 높은 평평한 수평면을 말하며, 지하철 선로 옆에 있는 플랫폼처럼 기차가 도착할 때까지 기다리는 곳을 말한다. 오늘날 디지털 환경에서의 플랫폼이라는 용어는 위키피디아, 이베이 등과 같은 초기 플랫폼들이 등장하면서 1990년대 후반에서 2000년대 초반에 통일되었다. 20여 년 동안 컴퓨팅 성능의 향상과 컴퓨팅 비용의 감소로, 산업 4.0의 혁신을 주도하는 디지털 플랫폼(digital platform)이 부상했다.

디지털 플랫폼은 다양한 사용자 그룹이 상호작용을 하며 가치를 창출하는 온라인 환경을 의미한다. 즉 온라인 인프라를 사용하여 여러 사람이나 기업이 함께 참여하여 무언가를 거래하거나 정보를 공유할 수 있도록 연결해 주는 디지털 공간을 뜻한다. 디지털 플랫폼의 기원은 1970년대와 1980년대의 전자 게시판 시스템(BBS)으로 거슬러 올라간다. 오늘날 기준으로 보면 단순하게 보이지만 그 당시에는 획기적이었고, 이후 소셜 네트워크의 초석 역할을 했다. 1990년대 인터넷이 등장하여 빠르게 널리 확산하면서 모바일 기기 등의 사용 증가가 중요한 역할을 했다. 스마트폰과 태블릿이 제공하는 끊김이 없는 연결성은 디지털 플랫폼의 유용성을 크게 향상해 전 세계 사람들의 필수 도구가 되었다. 디지털 플랫폼은 설계와 알고리즘을 통해 사용자의 행동, 상호작용, 인식 등을 적극적으로 형성할 수 있기 때문에 삶의 다양한 측면을 조직하고 촉진하는 데 중심적인 역할을 하는 사회 구조가 되었다.

디지털 플랫폼은 다양한 유형이 존재하며, 서로 다른 목적과 기능을 제공한다. 페이스북(Facebook)과 같이 사용자가 콘텐츠를 공유하고 서로 소통할 수 있는 소셜 네트워크(social network) 플랫폼, 상품과 서비스의 구매와 판매가 쉽게 판매자와 구매자를 연결해 주는 전자상거래 플랫폼인 아마존(Amazon) 등이 있다. 온라인 과정과 교육을 제공하는 웹사이트인 교육 플랫폼에는 코세라(Coursera) 등이 있다.

플랫폼 사회

호세 판 데이크(José van Dijck, Martijn), 토마스 포엘(Thomas Poell), 마르틴 더 발(De Waal)의 공동 저서 《플랫폼 사회: 연결된 세계의 공공 가치(The Platform Society: Public Values in a Connective World)》에 따르면 플랫폼이 우리의 삶에 중심으로 자리 잡아 가면서 모

든 형태의 일상에 영향을 미치고 있다고 주장한다(van Dijck et al., 2018). 플랫폼 사회의 발전은 2000년대 중반 웹 2.0 기술이 등장한 인터넷 초창기로 거슬러 올라간다. 이 시기에는 정적인 웹 페이지에서 동적인 사용자 제작 콘텐츠로 전환되어 현대적인 소셜 미디어 플랫폼, 전자 상거래 사이트 및 기타 디지털 생태계의 기반을 마련했다. 시간이 지남에 따라 이러한 플랫폼은 AI, 기계 학습 및 데이터 분석의 발전을 활용하여 사용자 참여를 향상하고 경험을 개인화하는 등 점점 더 정교해지고 있다.

이러한 플랫폼 사회는 본질적으로 디지털 플랫폼 사용자 그룹이 상호작용을 하고, 가치를 창출하는 온라인 환경 설계와 알고리즘을 통해 사용자의 행동, 상호작용, 인식 등을 적극적으로 형성할 수 있기 때문에 삶의 다양한 측면을 조직하고 촉진하는 데 중심적인 역할이 가능한 사회구조가 되었다.

이러한 보편성은 소비자 행동을 변화시켰을 뿐만 아니라 기업 운영 방식도 혁신하여 완전히 새로운 산업과 서비스를 육성했다. 1994년 피에르 오미디야르(Pierre Omidyar)는 예술품 및 골동품 수집자들이 온라인에서 제품을 사고파는 플랫폼인 이베이(eBay)를 설립했다.

비슷한 시기에 온라인 서점인 아마존이 설립되었다. 이는 전통적인 사업 운영 방식을 재정의했다. 아마존과 이베이는 제품을 생산하지 않고, 판매하는 제품에 브랜드를 붙이지도 않았다. 그들은 단지 구매자와 판매자를 연결하고 상호작용을 촉진하는 플랫폼일 뿐이었다. 일종의 중개 서비스를 모방했지만, 웹 기술을 활용하여 사람의 개입 없이 빠르게 확장되었다. 이러한 혁신은 소매, 여행, 금융, 의료, 게임, 미디어, 교육 등 다양한 산업에서 나타났다.

교육 플랫폼

우리는 새로운 교육 세계에 살고 있다. 지난 10년간 교육 플랫폼(educational platform)이 기하급수적으로 성장한 후, 학생들은 온라인 학습에 점점 더 많은 시간을 소비하고 있다. 코로나19 팬데믹으로 인해 이러한 과정이 가속화되고 불균등하게 확대되었다. 교육은 완전히 가상 모델과 대면 학습과 디지털 학습을 결합한 새로운 하이브리드 모델(hybrid model)로 전환되었다.

미래 교육에서 디지털 플랫폼은 접근성, 유연성 및 학습자의 변화하는 요구와 급변하는 세상의 요구에 부응하는 개인 맞춤형 학습경험을 제공하기 때문에 중요하다. 디지털 방식을 통해 교수 학습 과정을 촉진하고 향상하도록 설계된 소프트웨어 솔루션을 우리는 교육 플랫폼이라고 한다. 교육 플랫폼은 언제 어디서나 학습할 수 있고, 개인 맞춤형 학습 경로와 다양한 학습 자료를 통합할 수 있게 하며, 동시에 디지털 리터러시와 글로벌 관점을 함양한다. 교육 플랫폼은 교육자에게는 교육 콘텐츠를 제작, 관리 및 평가할 수 있는 기능을 제공하고, 학생들에게는 콘텐츠에 접근하여 상호작용을 할 수 있는 가상 환경을 제공한다. 유연한 학습 옵션에 대한 요구, 원격 교육의 증가, 그리고 전통적인 교실 환경에 기술이 통합되는 등의 요인으로 인해 이러한 플랫폼에 대한 수요가 급증하고 있다. 교육 기관들은 포괄적인 기능, 사용자 친화성, 그리고 적응성을 제공하는 플랫폼을 요구한다.

최근 AI가 빠르게 우리 일상생활에까지 스며들면서 다양한 측면에 영향을 미치고 있다. 이러한 영향력은 AI · 디지털 기반 교육 플랫폼을 통해 교육에까지 확장되고 있다. 최근 교육의 플랫폼화(platformization of education), 플랫폼 페다고지(platform pedagogies), 플랫폼 교사 및 플랫폼 교실 등의 용어가 등장해 새로운 디지털 기술이 교육에 미치는 변화를 설명한다. 교육의 플랫폼화(Yao et al., 2021), 플랫폼 페다고지 및 플랫폼 교실이라는 용어는 온라인 플랫폼을 통한 교육의 중요성을 강조한다(유정수, 2023).

에듀테크(edutech) 기술과 온라인 소프트웨어의 발전으로 플랫폼 기반 온라인 학습의 효과가 더욱 높아지고 있다. 기계 학습과 지능형 교육 도구의 통합은 강의 자료 배포, 동료와 협업, 교사가 학생의 진도 평가, 학생에게 피드백 제공까지 하나로 통합된 플랫폼에서 작동하며, 교육 방법론이 크게 변화하고 있다.

에듀테크 플랫폼의 교육적 맥락

최근 교수 및 학습(teaching & learning) 환경은 실제로 광범위한 변화를 겪는 중이다. 이러한 변화의 핵심은 교수 및 학습 플랫폼의 등장으로, 학습에 접근하고 제공하는 방식을 혁신하고 있는데 우리는 이를 에듀테크(edtech) 플랫폼이라 한다.

에듀테크 플랫폼은 학생, 교사 또는 교육기관에 교육 서비스나 도구를 제공하는 온라인 또는 디지털 플랫폼을 말한다. 플랫폼에는 학습을 지원하기 위해 비디오, 오디오 녹음, 텍스트 및 대화형 기능과 같은 다양한 형태의 미디어가 포함될 수 있다. 에듀테크 플랫폼은 기술을 활용하여 교육 콘텐츠, 평가 및 기타 학습 관련 서비스를 제공한다. 이는 단순한 전자 도구를 넘어, 유연하고 맞춤화된 학습경험에 대한 요구 증가에 힘입어 교육 패러다임의 전환을 의미한다. 이런 플랫폼은 교수, 학습에 여러 가지 형태로 도움을 줄 수 있다. 위치나 상황과 관계없이 모든 사람이 학습에 액세스할 수 있도록 하며, 학생들의 개별 요구 사항을 충족하기 위해 개인화되고 적응력 있는 학습경험 제공이 가능하다. 그리고 학생의 학습 진행 상황을 추적하고 개선 영역을 식별할 수 있도록 실시간 피드백 및 평가를 제공한다. 또한 교사가 교육 콘텐츠를 쉽게 만들고 공유할 수 있으며, 학생과 교사 간의 협업 학습 및 그룹 작업을 촉진할 수 있다.

에듀테크 플랫폼이 중요한 이유는 무엇일까? 에듀테크 플랫폼은 특히 외딴 지역이나 서비스가 부족한 지역의 학습자들을 위한 교육에 대한 접근성 개선, 혁신적이고 효과적인 교육 도구와 방법 제공을 통해 교육의 질 향상, 모든 나이와 배경의 학습자를 위한 평생 학습 및 기술 개발 지원이 가능하다. 그리고 노동 인구의 기술 격차를 해소하고 학습자들의 취업 시장 요구에 대비하기 쉽다. 에듀테크 플랫폼은 이렇게 다양한 학습자의 요구를 충족해서 교육의 형평성과 포용성을 촉진할 수 있다. 그리고 에듀테크 플랫폼은 기업 교육 및 전문성 개발을 통해 직원에게 업스킬링(upskilling) 및 리스킬링(reskilling) 기회를 제공하는 데도 유용하게 사용할 수 있다. 또한 박물관, 도서관 및 커뮤니티 센터와 같은 비공식 교육 환경에서 대중들에게 교육 자원과 활동 제공 등과 같은 다양한 교육 맥락에서도 사용할 수 있다. 에듀테크 플랫폼은 다양한 교육 환경에 있는 학생들에게 개인화된 학습경험을 창출하여 교육에 혁명을 일으키고 있다.

참고문헌

구글 워크스페이스. https://buly.kr/B7aEvGq

구글 클래스룸. https://buly.kr/AF0S1DM

아마존. https://www.amazon.com/

에드엑스. https://www.edx.org/

유정수(2023). "에드위드(edwith)의 적응형 이러닝 교육 플랫폼으로 진화 가능성 탐색 연구". 《정보교육학회논문지》, 27(6), 791~800쪽.

코세라. https://www.coursera.org/

페이스북. https://www.facebook.com/login.php/

van Dijck., J. et al.(2018). *The platform society: Public values in a connective world.* Oxford University Press.

Yao, Y. et al.(2021). The platformization of education: A framework to map the new directions of hybrid education systems. UNESCO.

03
AI와 함께, AI를 알아 가기

AI가 우리 삶 곳곳에 자리 잡은 지금, 참살이(well-being)를 위해 중요한 것은 AI를 단순히 도구로만 보지 않고, 세상을 바꾸는 강력한 힘으로 이해하는 것이다. 우리가 AI를 어떻게 만들고, 규제하고, 사용하는지에 따라 미래는 협력과 번영의 길로 나아갈 수도 있고, 혼란과 불확실성 속으로 빠질 수도 있다. AI와 공존하는 시대 우리는 어떤 삶을 추구해야 할까?

인공지능과 편향?

AI와 함께하는 삶

AI는 우리 주변의 많은 곳에 편재해서 삶의 방식이 변화되며, 계속해서 인류의 미래를 만들어 가고 있다. 우리의 중요한 결정은 AI 알고리즘의 결과를 기반으로 자동 또는 반자동으로 이루어지며, 이는 이미 일자리와 소득에 영향을 미치고 있다. 자동화에 취약한 직업 비율에 관한 대다수의 예측은 9%에서 96%까지 그 폭이 매우 크다 (World Economic Forum, 2018).

역사적 관점에서 볼 때 자동화로 인한 실직과 관련된 두려움은 새로운 것이 아니다. 이제 AI는 창의성과 복잡한 문제 해결과 같은 인간의 능력에 도전하고 있다. 또한 일자리 감소를 메우기 위해 새로운 일자리가 생겨날 가능성이 높지만, AI의 매우 빠른 개발 주기는 인간이 아직 알려지지 않은 새로운 능력을 개발해야 하는 속도를 가속화하고 있다.

오늘날 우리 삶에 AI 알고리즘이 내리는 결정이, 사람들이 내리던 결정보다 점점 더 많아지고 있다. 알고리즘은 효율적이고 최적화된 데이터 기반 의사 결정을 가능하게 한다. 따라서 많은 비즈니스에서 알고리즘 채택을 늘리고 있다. 그러나 실제 의사 결정 결과의 품질과 관계없이 알고리즘이 내린 결정에 대한 인식에 영향을 미칠 것이다. 이러한 인식은 사람들이 번영할 수 있도록 하는 직장, 지역 사회 및 알고리즘 결정에 대한 사람들의 신뢰와 태도에 영향을 미칠 수 있다. 알고리즘이 점점 더 많은 관리 및 조직적 결정을 내리는 과도기에 있기 때문에 이러한 변화에 대한 사회적 태도와 신뢰를 구축해야 할 적절하고 중요한 시기다. 알고리즘의 실제 성능과 관계없이 알고리즘에 대한 인식은 알고리즘 채택에 큰 영향을 미칠 수 있다. 그러나 우리는 알고리즘에 의해 내린 결정을 인간이 내린 결정과 비교하여 사람들이 어떻게 인식하는지 완전히 이해하지 못하고 있다. 더 중요한 것은 AI가 윤리적 함의를 지니고 있다는 것이다. 예를 들어 의사 결정에 AI를 사용할 때와 같은 AI 기술 적용으로 인해 발생하는 윤리적 문제, 딜레마 및 결과와 관련이 있다. 따라서 AI가 개인과 사회에 미치는 전반적인 영향에 대한 윤리적 고려 사항을 반드시 포함해야 한다.

AI와 관련된 기회

사회가 발전함에 따라 현재 상황이 다양한 미래 가능성에 어떤 영향을 미칠 수 있는지 이해하는 것이 매우 중요하다. 유네스코 보고서에서는 "AI와 관련된 기회에 대해 학생과 학부모에게 어떻게 교육할 것인가?"라는 질문에

"미래의 직업 시장에서 살아남기 위해서는 AI가 만들어 낼 수 있는 것 이상의 가치를 제공해야 한다. AI가 에세이 작성이나 다양한 작업을 손쉽게 수행할 수 있게 해 주지만, 이러한 편리함은 오히려 경쟁 시장에서 인간의 가치를 떨어뜨릴 수 있다"고 답한다(유네스코, 2022).

AI의 부상은 '새로운 기술로 인해 대체될 위험'과 '인간 중심적 가치에 집중'에 대한 중요한 의미를 지닌다. 만일 인간이 생산하는 결과물의 품질이 AI가 생성한 결과물과 비슷하다면, 인간은 대체될 위험이 있다. 최첨단 AI 도구조차도 한 달에 200달러에 불과하므로, 비용적인 측면에서 사람의 효용성이 떨어지기 때문이다. 따라서 AI가 쉽게 복제할 수 있는 결과물을 생산하는 사람들은 지속 가능한 일자리를 찾기가 쉽지 않을 것이다.

따라서 인간은 AI가 할 수 없는 일에 집중해야 한다. 이를 위해서는 'AI 역량 이해'와 '인간의 강점 활용' 두 가지가 필요하다. 학생들은 AI가 무엇을 할 수 있고 무엇을 할 수 없는지에 대한 확실한 이해(AI 역량 이해)를 바탕으로, AI가 어떤 분야에서 고유한 가치를 더할 수 있는지에 대한 합리적인 판단을 내릴 수 있어야 한다. 또한 학생들은 창의력, 감성 지능, 비판적 사고, 그리고 다른 사람들과 의미 있는 방식으로 소통하는 능력과 같은, 인간

만이 가진 고유한 역량(인간의 강점 활용)을 개발하는 데 시간과 에너지를 집중해야 한다. 이 두 가지 측면은 동전의 양면과 같다. 성공하려면 학생들은 AI를 효과적으로 활용하는 동시에 대체 불가능한 인간적 자질을 개발해야 한다. 이 두 가지 접근 방식의 균형을 유지해야만 AI 시대에 살아남을 수 있을 것이다(유네스코, 2022).

교육에서 AI의 윤리적 함의

도나투스(Donatus), 우조마 오카와라(Uzoma Okawara)는 교육 분야에 AI를 통합하여 구현할 때 철학적 관점을 통해 신중하게 검토해야 할 중요한 윤리적 함의를 다음과 같은 영향에 중점을 두고 제기하고 있다. 교육자, 정책 입안자, 연구자를 포함한 이해 관계자는 학생의 개인정보 권리를 존중하고 학생 데이터에 대한 사용자 통제권을 보장해야 한다. 그리고 AI 알고리즘의 편견과 차별을 방지하여 교육적 형평성과 포용성을 증진하기 위한 강력한 정책과 안전장치를 수립하기 위해 협력해야 한다고 주장하고 있다. 또한 교육자가 오랫동안 교육으로 체득한 학생들의 성격과 심리에 대한 감성을 AI 기술은 갖추고 있지 않기 때문에 교사를 AI 구현으로 대체해서는 안 된다고 말하고 있다. 또한 교육 분야에서 교사-학생 간의 관계와 인간적 접촉을 유지하는 것이 매우 중요하며, AI 기반 교육과 개인 맞춤형 지도 간의 균형 유지의 중요성을 강조하고 있다(Donatus et al., 2024).

스웨덴 철학자인 닉 보스트롬(Nick Bostrom)은 교육 분야에서 AI는 학습경험을 혁신하고 교육 성과를 향상할 수 있는 능력을 갖추고 있지만, 인간의 가치와 부합하지 않을 경우는 실존적 위험을 초래할 수 있다고 주장한다. 따라서 AI가 교육에 유익한 영향을 미치기 위해서는 윤리 원칙에 따른 AI 시스템 설계를 강조한다(Bostrom, 2014).

케이트 데블린(Kate Devlin)은 AI 기술이 비판적 사고, 창의력, 그리고 사회 · 정서적 능력을 함양하는 데 있어 인간 교사와 멘토를 대체하는 것이 아니라 보완해야 한다고 강조한다. 또한 교육적 과제를 해결하기 위해 AI를 활용할 때는 인간 중심적 설계와 학제 간 협력의 중요성을 강조한다. 그리고 형평성, 다양성, 포용성의 윤리적 원칙에 대한 준수 또한 강조하고 있다(Devlin, 2020).

교육의 목적은 학생들에게 취업에 필요한 능력을 갖추게 하고, 고용된 조직의 발전에 필요한 사업상의 어려움과 문제를 해결하는 것이므로, 인지적 부담 분산과 비판적 사고 능력을 간과하지 않도록 적절한 균형이 필요하다.

AI는 교육을 혁신할 엄청난 잠재력을 가지고 있지만, 윤리적 함의 또한 간과할 수 없다. 따라서 우리는 교육 분야에서 AI의 복잡한 윤리적 환경을 헤쳐 나가며 자율성, 공정성, 그리고 인간의 번영이라는 원칙을 고수하고자 노력해야 한다. AI 기술을 활용하여 학습경험을 향상하고자 하는 과정에서, 교육이 모든 사람에게 계몽과 역량 강화의 등불이 되도록 경계를 늦추지 않고 윤리적으로 책임감을 느끼는 것은 필수다.

AI를 제대로 알기

오늘날 많은 사람들은 AI라고 하면 생성형 AI(generative AI) 중 하나인 챗지피티(chatGPT)를 떠올린다. 그러나 AI 기술은 이미 많은 일상 도구에 내장되어 있다. 카카오(Kakao) 지도나 구글(Google) 지도와 같은 웹 대응(mapping) 플랫폼에서부터 텍스트 편집 소프트웨어로 문법을 완성하는 것까지, 이미 일상생활에서 AI는 널리 활용되고 있다.

〈세계경제포럼(WEF) 2025년 미래 일자리 보고서〉에 의하면 다른 어떤 추세보다 더 많은 고용주(60%)가 디지털 접근성 확대를 통해 비즈니스를 혁신할 것으로 예상하며, 이들 중 86%는 AI와 정보처리 기술이 2030년까지 비즈니스를 혁신할 것으로 예상했다. 2030년까지 가장 빠르게 성장할 미래의 일자리에 대한 설문 조사에서는, AI 및 로봇공학의 발전과 디지털 접근성 증가와 같은 기술 발전으로 주도될 것으로 예상한다. 고용주들은 2030년까지 다른 어떤 기술보다 AI와 빅 데이터가 가장 빠르게 성장하는 기술로 여겼다. 뒤이어 네트워크, 사이버 보안, 기술 활용 능력의 중요성이 커질 것으로 보고 있다. 그리고 기술을 보완하는 인간의 창의적 사고와 사회 · 정서적 태도(회복 탄력성, 유연성, 민첩성) 및 호기심과 평생 학습의 중요성도 높아질 것으로 예상한다 (World Economic Forum, 2025).

따라서 이러한 기술은 점점 더 복잡해지고 상호 연결된 세상에서 팀을 이끌고, 인재를 효과적으로 관리하며, 지속 가능성과 친환경 전환에 적응할 수 있는 인력을 요구한다.

AI 시대를 이해하고 수용하는 것은 세상을 바꾸는 AI 개발자, 소프트웨어 엔지니어나 데이터 과학자만을 위한 것이 아니라 AI 시대에 살아가는 모든 사람을 위한 것이다. 어떤 직업을 가지고 일하든 AI는 우리가 알고 있는 것보다 더 많은 산업에 영향을 미치고 있다. 사람들은

"AI가 우리의 모든 일자리를 빼앗을 것이다"라는 말을 종종 한다. 그러나 크게 우려할 필요는 없다. AI에 의해 우리의 일자리를 빼앗기는 것이 아니라, 변화하는 것이다. 대부분의 미래 직업은 AI로 대체되는 것이 아니라 AI와 함께 일하는 것과 관련이 있다. 그리고 일부 사교육 시장에서는 "AI 시대 살아가기 위해서는 코딩할 줄 알아야 한다"라는 이야기를 한다. 요즘은 생성형 AI가 우리가 원하는 코드(code)를 만들어 준다.

그러면 '우리가 반드시 코딩할 줄 알아야 하는가'라는 생각이 들 것이다. 그러나 AI가 생성한 코드에만 의존하는 것은 위험하다. AI는 그럴듯해 보이지만 미묘하게 결함이 있거나 안전하지 않은 코드를 생성할 수 있다. 그러므로 AI 출력을 비판적으로 평가하고, 복잡한 시스템 내에서 적합성을 보장하는 데는 인간의 전문 지식이 여전히 필수다.

따라서 우리는 AI가 생성한 실수를 수정하고, 해결책을 개선하며, AI 생성 코드를 일관된 고품질 제품으로 통합할 수 있는 지식을 보유해야 한다. 생성형 AI는 정보교육의 가치를 감소하기보다는 그 필요성을 더 강화한다. 코드의 작동 방식과 이유를 이해하는 것은 강력한 AI 도구를 책임감 있게 활용하는 데 중요하다. 우리는 AI가 어떻게 작동하는지, AI 도구를 사용하는 방법 등을 제대로 배워야 한다. 그 이유는 자신을 개발할 수 있는 가장 강력한 기술 중 하나이기 때문이다.

참고문헌

유네스코(2022). "함께 그려보는 우리의 미래 – 교육을 위한 새로운 사회계약".
https://unesdoc.unesco.org/ark:/48223/pf0000381212

Bostrom, N.(2014). *Superintelligence: Paths, dangers, strategies.* Oxford University Press.

Devlin, K.(2020). *The ethics of the artificial lover. In S. M. Liao, ethics of Artificial Intelligence*(pp.271~290). Oxford University PRESS.
https://doi.org/10.1093/oso/9780190905033.003.0010

Donatus, U. O. et al.(2024). The ethical implications of artificial intelligence in education. *Journal of Applied Philosophy, 22*(2), pp.1~9.

World Economic Forum(2018). Here's how vulnerable to automation your job is.
https://www.weforum.org/stories/2018/08/here-s-how-vulnerable-to-automation-your-job-is/

World Economic Forum(2025). The Future of jobs report 2025: Insight report.
https://www.weforum.org/publications/the-future-of-jobs-report-2025/

04
생각하는 방식의 전환

인간 지능과 AI가 공존하는 시대에 모라벡의 역설처럼 인간 지능과 AI는 서로가 가지고 있는 상호 보완적인 능력을 결합한 하이브리드(hybrid) 지능을 통해, 인류 사회의 지속 가능한 발전을 촉진할 수 있는 무한한 잠재력을 가질 수 있게 되었다. 이러한 시대에 인간의 사고방식이 어떻게 전환되어야 하는지 살펴본다.

청각장애인과 AI?

하이브리드 지능

최근 인간 지능과 AI의 협업 추세는 인간의 능력을 대체하는 데 초점을 맞추기보다는 인간 지능과 AI가 협업하여 각자의 고유한 강점을 활용하는 하이브리드 지능(hybrid intelligence)으로의 전환을 보여 준다.

하이브리드 지능이란 AI와 인간 능력의 최적 조합을 찾는 것을 의미한다. 하이브리드 지능에 대한 가장 초기의 아이디어는 1950년대로 거슬러 올라간다. 사실 용어 자체는 1970년대 후반에 처음 사용되었으며 사이버네틱스와 인간공학 연구에서 등장했다. 2019년 도미니크 델러만(Dominik Dellermann) 등이 만든 하이브리드 지능은 문제 해결 방법론의 패러다임 전환을 나타낸다. 핵심은 인간의 전문 지식과 AI의 상호 보완적인 강점을 활용하여 단독으로 이루는 것을 능가하는 결과를 달성하는 것이다(Dellermann et al., 2019).

하이브리드 지능은 인간 지능을 대체하기보다는 인간의 창의성과 감성 지능을 기계의 계산 능력 및 효율성과 함께 활용하여 이전에는 상상할 수 없었던 인간의 능력을 강화하는 데 있다. 사람들이 이러한 시너지 효과를 수용함에 따라 복잡한 문제를 해결하고 혁신을 주도할 수 있게 될 것이다. 우리는 이러한 두 지능 집합의 강점을 활용하는 데 초점을 맞추는 동시에, 윤리적 의미를 염두에 두고 사람들이 이러한 혁신적인 변화에 대비할 수 있도록 해야 할 것이다. 하이브리드 지능의 미래는 단순히 기술 발전에 관한 것이 아니라 인간과 AI 간의 협업이라는 새로운 패러다임을 구축하는 것이기 때문이다.

인간 지능과 AI와의 협업 모습

프라이스워터하우스쿠퍼스(PwC)의 2025 글로벌 AI 일자리 보고서에서는, AI에 의해 주로 인간의 역량이 증폭되어 2030년까지 세계 경제에 최대 15조 7천 억 달러를 이바지할 수 있을 것으로 보고 있다(PwC, 2025).

인간 지능과 AI가 공존하는 시대에 그들의 효과적인 협업은 어떤 모습일까? 많은 사람들은 여전히 AI와 인간을 분리하여 달성할 수 있는 것에 초점을 맞춘다. 그러나 진정한 돌파구는 AI의 능력이 어디까지고 인간의 강점이 그 자리를 대신하는지 이해하는 데 있다.

의료 분야에서 하이브리드 지능은 진단의 정확성과 치료 효율성을 향상한다. 예를 들어 IBM의 왓슨 헬스(Watson Health)는 의사가 암 환자를 진단하고 치료 계획을 수립할 수 있도록 지원한다. 왓슨은 의학 문헌과 환자 데이터를 분석하여 최신 연구를 기반으로 권장 사항을 제공하고, 의사는 전문적인 판단과 환자 상호작용을 기반으로 이를 평가하고 맥락화한다. 이 사례에서 보듯이 AI는 방대한 양의 데이터와 패턴 인식을 처리하는 데 탁월하지만, 인간이 가지고 있는 감성 지능은 부족함을 볼 수 있다.

또 다른 사례로 영화와 비디오 게임에 사용되는 음악을 만드는 AI 작곡가인 아이바(AIVA, Artificial Intelligence Virtual Artist)가 작곡한 음악은 종종 인간 작곡가에 의해 다듬어져 풍부해지면서 AI가 생성한 아이디어와 인간의 창의성이 조화를 이루고 있다. 이렇게 하이브리드 지능은 창의성 영역에서 AI가 인간의 독창성을 대체하는 것이 아니라 강화하고 있음을 볼 수 있다.

교육 분야에서 인간과 AI의 협업 방식을 살펴보자. AI 기반 학습 플랫폼은 학생의 성과에 따라 학습을 조정하여 목표에 맞는 지원과 과제를 제공한다. 교사는 AI 추천을 사용하여 수업을 안내하고, 차별화된 학습 활동을 만들고, 학생의 학습 여정을 지원한다. 또한 AI는 데이터를 분석하여 학업 성취도, 출석, 참여도 등의 요소를 기반으로 뒤처질 위험이 있는 학생을 식별한다. 교사는 이 정보를 사용하여 적시에 개입하고, 자원과 연결하며 낙오되는 학생이 없도록 한다. 교사와 의사 결정권자는 AI 기반 개입의 효과를 지속적으로 평가하고 학생의 결과와 피드백을 바탕으로 전략을 조정한다. AI 시스템은 데이터를 통해 학습하고 시간이 지남에 따라 성능이 좋아지며 교육 개선을 위한 지속적인 지원을 제공할 수 있다. 이렇게 인간과 AI의 강점을 모두 활용하면서 교육적 의사 결정이 데이터 기반으로 적응형 학습(adaptive learning) 환경 조성 등의 새로운 가능성을 열고 있다.

하이브리드 지능 힘을 활용한 미래 교육의 가치

최근 핀란드 오울루대학교의 하이브리드 지능 연구(University of oulu's hybrid intelligence research group) 팀에서는 인간과 AI 간의 동등한 협력을 통해 인간의 고유한 자질 연구를 진행했다. 연구팀에서 개발한 메타인지 AI 에이전트(MAI, metacognitive AI agent)가 리타하르주(Ritaharju)고등학교의 12~13세 학생들을 대상으로 한 달 동안 물리 수업을 지도하는 파일럿 프로젝트를 진행했다. 학습 능력 강화를 위해 특별히 설계된 AI가 교실에 도입된 것은 이번이 처음이다. AI가 기존 답변을 제공하는 애플리케이션으로 규정되었는데 이러한 애플리케이션은 학습자를 게으르게 만들어, AI로 인해 해방된 인간의 사고 능력은 학습에 사용되지 않고 오히려 낭비되고 있음을 보았다(LAMSA). MAI에서는 학생들이 현재 학습 과정에서 겪는 어려움을 인식하도록 도우며, 이를 통해 학생들은 앞으로 어떻게 나아갈지 알아내도록 했다. MAI의 접근 방식은 기성 답변과는 정반대다. MAI는 직접적인 답을 제공하지 않고도 학생의 독립적인 문제 해결을 지원한다. 이는 챗지피티나 기존의 AI 애플리케이션과도 다르다. 그 결과 "MAI가 답을 알려 주지는 않지만, 질문을 이해하고, 함께 문제를 더 잘 해결하는 데 도움이 되었으며, 이러한 학습 방식은 배운 내용을 더 잘 기억하는 데도 도움이 된다"고 학생들은 피드백에서 말한다. 학생들은 MAI의 코칭을 받으며 교육에 도움이 된다는 것을 발견했다(Edwards et al., 2024).

MAI의 사례에서 보듯이, 하이브리드 지능이 인간의 지능을 대체하는 것이 아니라 향상하게 만드는 것을 확인했다. 따라서 하이브리드 지능이 모든 환경에서 긍정적인 영향을 미치도록 하기 위해서는 배우고 가르치는 방법의 관점 및 사고방식의 전환이 중요하다.

성장형 사고방식

AI가 점점 더 우리의 일상생활에 스며들며 일과 기술의 경계가 모호해지는 시대에 노동 환경은 하이브리드 지능으로 일하는 방식, 학습 방식, 혁신 방식 등의 엄청난 변화를 겪고 있으며, 고용 시장을 재편하고 있다. 이러한 전환에는 노동자들이 AI와의 협업에 적응해야 하기에 리스킬링(reskilling)과 업스킬링(upskilling)의 필요성이 증가한다. 따라서 AI를 윤리적이고 책임감 있게 활용하여 살아가는 방식과 일하는 방식 등을 바꾸어 나가기 위해서는 AI가 인간의 잠재력을 대체하는 것이 아니라, 그 잠재력을 강화하는 도구로 인식하는 사고방식을 구축하는 것이 중요하다.

문화적, 경험적 및 인지적 다양성은 조직이 새로운 상황에 적응하고 다각적인 관점에서 문제를 바라볼 수 있는 성장형 사고방식(growth mindset)을 장려하는 것이 매우 중요하다. 성장형 사고방식 개념은 심리학자 캐럴 드웨크(Carol S. Dweck)의 저서 《마인드셋: 성공의 새로운 심리학》에서 처음 제시했다(Dweck, 2006). 드웨크에 따르면 고정된 사고방식(fixed mindset)을 가진 사람들에게는 어려운 상황이 치명적일 수 있다. 왜냐하면 그들이 이미 작업을 완료할 수 있는 기술이나 지능을 갖추고 있지 않다면 개선의 가능성이 없다고 생각하기 때문이다. 그러나 성장 사고방식을 가진 사람들은 어려움을 극복할 수 없는 장애물이 아닌 배우고 발전할 기회로

여긴다. 적응력과 회복 탄력성을 갖춘 인력을 구축하려면 기술 활용, 문화적 응집력, 유연한 근무 정책, 지속적인 학습, 그리고 효과적인 소통이 전략적으로 조화를 이루어야 한다. 적응력이라는 인간적인 요소는 종종 간과하는데, 정서적 회복 탄력성은 직원들이 스트레스를 관리하고 좌절에서 회복하는 데 필수다(Dweck, 2017).

급속한 기술 변화의 시대에는 적응하고, 배우고자 하는 능력이 무엇보다 중요하다. 인지적 유연성을 함양하려면 단순한 암기보다는 비판적 사고, 문제 해결 능력, 그리고 창의성을 강조하는 교육 및 훈련 프로그램이 필요하다. 뇌는 하이브리드 사회에서 우리의 가장 큰 자산이다. 뇌를 체계적으로 관리하려면 경직된 교육 구조에서 벗어나 지속적인 적응과 탐구를 장려하는 평생 학습 방식으로 전환해야 한다.

따라서 효과적인 인간-AI 협업에 필요한 사고방식을 함양하는 더욱 총체적인 접근 방식이 필요하다. 하이브리드 지능을 구축하려면 상호 연결된 사고방식이 요구되기 때문에 하이브리드 지능에 대한 교육 및 훈련 프로그램에 투자하기를 권고하고 있다. 이를 위해서 우리는 이제 유치원부터 평생 하이브리드 학습 여정을 시작해야 할 것이다.

참고문헌

Dellermann, D. et al.(2019). Hybrid intelligence. *Business & Information Systems Engineering, 61*, pp.637~643.

Dweck, C. S.(2006). *Mindset: The new psychology of success.* Random House Publishing Group.

Dweck, C. S.(2017). *Mindset: Changing the way you think to fulfill your potential.* Robinson.

Edwards, J. et al.(2024). MAI_A proactive speech agent for metacognitive mediation in collaborative learning. *CUI '24: Proceedings of the 6th ACM Conference on Conversational User Interfaces, 46*, pp.1~5.

LAMSA. https://lamsa.com/en/home

PwC(2025). The fearless future: 2025 Global AI jobs barometer. https://www.pwc.com/gx/en/issues/artificial-intelligence/ai-jobs-barometer.html

University of Oulu. Hybrid Intelligence: Human-AI co-evolution and learning in multi-realities(HI). https://www.oulu.fi/en/research/human-ai-co-evolution-and-strengthening-human-capabilities/hybrid-intelligence-human-ai-co-evolution-and-learning-multi-realities-hi

University of World News(2024). Hybrid intelligence: A much brighter vision of humanity. https://www.universityworldnews.com/post.php?story=2024070415182429

05
학생들을 위한 개인화 학습 이해

우리의 교육은 학교 교실에 학생이 머무르는 것을 힘들게 하고 있다. 다양화 시대에 기존의 획일적 교육 방식은 학생들의 다양한 학습 관심사, 생각, 그리고 상황에 적합하지 않은 경우가 많다. 학생들은 자신의 관심과 능력에 맞는 교육을 받을 때 배움의 동기 부여와 교육에 적극적으로 참여할 가능성이 크다.

AI 콘텐츠 크리에이터?

개인화 이해

개인화(Personalization)란 학생 개개인의 강점과 요구 사항을 해결하는 교수 · 학습 과정을 의미한다. 명확하게 정의된 기준에 따라 학생의 학습 진행 상황을 세밀하게 관찰하면서 개인화는 모든 학생의 학업적 · 정서적 · 신체적 요구 사항을 이해하고 수용할 수 있도록 한다. 개인화는 학생들이 모든 것을 결정하는 교육 모델은 아니다. 따라서 교사는 코칭 지향적인 피드백부터 학생들에게 점진적인 책임 완화에 이르기까지 학습 과정의 발판을 마련해야 한다. 지속적인 학생 의견과 피드백이 없으면 그들의 재능이나 창의성 및 효능감이 간과되거나 무효화될 수 있다. 또한 교사의 정형화된 교육 설계는 모든 학생의 고유한 강점과 과제 해결과 상충한다.

개인화된 학교는 어떤 모습일까? 개인화된 학교는 표준화된 시험과 같은 단일 데이터 포인트가 아닌 다양한 실제 평가를 사용하여 진행 모니터링에 대한 균형 잡힌 접근 방식을 강조한다. 개인화된 교실은 높은 수준의 상호작용, 담론, 실제 적용이 가능하다. 교사는 협력 학습, 프로젝트 기반 학습, 기술 기반 학습을 사용하여 동료 피드백과 진정한 조사 및 연구를 장려한다(Hervas-Gomez et al., 2024). 학교를 개인화하는 과정은 매우 반복적, 협력적, 도전적이며, 개인화된 교실을 보장하기에 적합한 단일 프로그램이나 접근 방식은 없다.

개인화 학습과 AI와의 교차점

AI는 우리 삶의 다양한 측면을 혁신하는 변혁의 원동력으로 부상했고, 교육은 이러한 기술 혁명의 최전선에 있으며 그 역할도 변화를 겪고 있다. 교육은 매 순간 다양한 문화, 성별, 학습 능력, 학습 선호도 등의 학습 배경을 가진 개인을 끌어들이고 권한을 부여하는 것이 필수다.

그러나 우리의 전통적인 교육 모델은 오랫동안 지식을 정적인 것으로 간주하고 표준화된 과목을 통해 학생들을 획일적인 틀에 맞춰 상품으로 취급해 왔다. 이 때문에 다양한 학습 속도, 스타일, 그리고 요구를 충족하지 못하는 접근 방식이 오랫동안 비판 받아 왔다. 이러한 요구에 부응해서, AI 기반 적응형 학습 기술이 등장하여 역동적인 맞춤형 학습경험을 제공하고 있다. 이러한 기술은 데이터 분석, 기계 학습, 인지 컴퓨팅을 활용하여 학생의 학습 진도, 참여도, 그리고 숙련도에 따라 콘텐츠 제공을 조정한다. 이제 우리의 학교 교육 시스템도 학생들의 고유한 재능과 학습 스타일을 인정하는 교육 패러다임으로의 전환이 필요하다(Dash & Bhoi, 2024).

최근 AI가 교육에서 큰 진전을 이룬 핵심 분야 중 하나는 개인화 학습(personalized learning)이다. 개인화 학습은 교육에 AI를 통합하여 개별 학생 데이터를 분석하여 교육 콘텐츠, 학습 속도, 학습 스타일을 맞춤 설정하고, 각 학생의 고유한 요구와 학습 선호도 등을 충족해 주고 있다. 교육에 AI 통합은 학생들의 학업 성취도 향상뿐만 아니라, 더 효율적이고 효과적이며 몰입도 높은 교육 경험을 제공할 수 있을 것이며, 학생 중심적인 교육 환경을 조성할 수 있다. 따라서 AI는 각 학습자의 고유한 요구에 맞춰 학습할 수 있게 도와주어 비판적 사고 능력, 자기 주도적 학습, 그리고 교과목에 대한 심층적인 이해력 향상에 도움을 줄 수 있다.

적응형 학습 방식 형성의 핵심 요소

적응형(Adaptive)이라는 용어는 차별화(differentiated), 개인화(personalized), 개별화(individualized) 등과 동일한 의미로 사용되고 있다. 적응형 학습(adaptive learning)은 개인에게 최적화된 학습경험을 제공하는 것을 의미하며, 알고리즘 또는 예측 분석 등의 용어로도 사용된다. 적응형 학습은 학습 속도 조절(개별화), 접근 방식 조절(차별화), 그리고 학습자의 관심사 및 경험과의 연계를 의미한다(유정수, 2023). 즉 적응형 학습은 학생 각자의 강점, 요구, 관심사에 따라 학습을 맞춤화하는 것(학생이 무엇을, 어떻게, 언제, 어디서 배울지 스스로 선택하고 결정할 수 있도록 함)을 통해 유연성과 지원을 제공하여 최고 수준의 학습을 보장하는 것을 의미한다. 이론상 적응형 학습은 단순한 개인 맞춤형 학습이나 차별화보다 더 광범위하며, 학습에 대한 선택권을 부여한다.

적응형 학습 방식을 형성하는 핵심 요소는 학습자 프로필(learner profiles), 개인 학습 경로(personal learning paths), 개인별 숙달도(individual mastery), 유연한 학습 환경(flexible learning environment), 학생 주도권(student agency), 이 5가지로 제시했다. 학습자 프로필은 모든 학생을 이해하는 데 중점을 두고 학생의 개별적인 강점, 약점, 관심사, 동기, 진도 및 목표에 대한 심층적인 통찰력을 제공하여 최적의 해결책을 제공한다. 적응형 학습 시스템은 각 학생의 학습 DNA를 형성하는 맞춤형 학습자 프로필을 제공한다. 이러한 개인화된 프로필은 교사가 모든 학생을 개인적으로 알아갈 수 있는 포털을 제공하며, 시스템은 각 학생에게 맞춤형 학습 자원을 제공한다. 개인 학습 경로는 고유한 학습자 프로필을 기반으로 개별 경로를 만드는 것으로, 각 학생은 자신만의 학습 목표와 목적을 가지고 있으며, 학습경험은 다양하고 학생의 개별 요구 사항에 맞게 조정된다. 개인별 숙달도는 학교가 명확하게 정의한 표준과 목표에 따라 학생의 진도를 지속적으로 평가하면서 주어진 학습 목표에 대한 숙달 정도를 바탕으로 자신의 속도에 맞춰 진도를 제공한다. 교사가 학생의 학습을 지원하기 위해 다양한 옵션과 접근 방식으로 교육을 제공하듯이 적응형 학습 시스템에 유연한 학습 환경이 포함되어야 한다. 또 다른 필수 요소는 학생 주도권이다. 이는 학생들은 자신의 학습 방식에 대해 어느 정도 주도권을 가질 수 있도록 해야 한다. 교사의 도움을 받아 자신의 학습 과정을 설계하고, 성과 기반 평가를 통해 학습을 어떻게 입증할지 스스로 선택할 수 있어야 한다(Pipkin, 2015).

개인화된 미래 교실

모든 연령대의 학생들은 그 어느 때보다 디지털 학습 및 사고방식에 집중하고 있다. 컴퓨터가 시대의 주류일 때 적응형 학습의 개념이 처음 등장했으며 AI 프로그램이 개별 학습자의 요구에 따라 학습 내용을 조정할 것이라고 상상했다. 당시 등장한 시스템 중 하나는 스콜라(Scholar)로 알려졌는데, 이는 적응형 학습에 대한 시도의 토대를 마련했다(유정수, 2023).

AI는 첨단 기술과 역량을 바탕으로 적응형 학습에서 중요한 역할을 한다(Chen, 2020). AI를 적응형 학습 시스템에 통합한 AI 기반 적응형 학습 시스템(AI-driven adaptive learning system)은 개인화 학습 및 적응형 교실 경험을 제공함으로써 교육 혁명을 일으켰다. 적응형 학습은 기존 전통적인 교육 모델의 문제점에 대한 강력한 해결책으로 입증되었다. AI 기반 적응형 학습 시스템은 학습자 프로필, 성과 데이터 등 방대한 양의 학습 자료를 수집하고, AI 알고리즘은 수집된 학습 데이터의 패턴, 추세, 관계를 파악하여 학습자의 요구, 선호도, 그리고 향후 성과를 예측한다. 이를 통해 적응형 학습 시스템은 개별 학습자의 요구에 맞춰 콘텐츠, 학습 속도, 그리고 교수 전략을 동적으로 조정하여 개인 맞춤형 학습경험을 제공한다. 개인화된 학습을 수용함으로써 교사는 학생들의 잠재력을 최대한 발휘하고 성장, 참여 및 성공을 촉진하는 학습 환경을 조성할 수 있다.

또한 AI 도구 구현에 학생들이 참여하는 것은 학습경험이 향상될 뿐만 아니라 학생들이 교육에 대한 주인의식을 가질 수 있다. 성공에 매우 중요하다. 교사는 의사결정 과정에 학생이 참여하도록 하고 피드백을 구함으로써 도구가 학생의 필요와 선호도를 충족하는지 확인할 수 있다. 이러한 협업 접근 방식은 학생들에게 권한을 부여하고 학습에 대한 주인 의식을 키울 수 있다.

그러나 교육에 AI 기술을 사용하는 데는 어려움이 많다. 이에 대한 윤리적 의미와 개인정보 보호 및 보안에 대한 잠재적 영향에 대한 우려가 있다. 또한 기술로 인해 교육의 기존 불평등이 악화될 가능성에 대한 우려도 있다. 이러한 과제에도 불구하고 AI 및 적응형 학습과 같은 기술이 교육의 미래를 중요한 방식으로 형성하고 있다는 것은 분명하다. 교사와 학생들이 학습 및 개발 경험을 개선하기 위해 AI를 수용함에 따라 전통적인 교실 모델은 서서히 구식이 되고 있다. 이러한 기술은 개인화된 학습, 더 나은 평가, 향상된 참여, 향상된 접근성, 향상된 교사 지원 등 다양한 이점을 제공한다. 세계가 점점 더 디지털화됨에 따라 우리는 이 분야에서 훨씬 더 많은 혁신을 보게 될 것이며, 이는 모든 학생이 교육에 접근할 수 있고 참여적이며 효과적인 교육을 유지하는 데 도움이 될 것이다.

AI 기반 적응형 학습은 학생 개개인의 교육 경로를 제공하지만, 데이터 프라이버시 및 알고리즘 편향에 대한 우려가 있으니 강력한 거버넌스와 규제에 대한 감시가 필요하다. 미래의 교실에서는 AI가 개입하여 가르치는 방식과 학생들의 학습 방식 모두 변화해 즉석에서 개인화된 학습경험을 가능하게 할 것이다.

참고문헌

유정수(2023). "에드위드(edwith)의 적응형 이러닝 교육 플랫폼으로 진화 가능성 탐색 연구". 《정보교육학회 논문지》, 27(6), 791~800쪽.

Chen, X.(2020). AI + Education: Self-adaptive learning promotes individualized educational revolutionary. *Proceedings of the 2020 6th international conference on education and training technologies*, pp.44~47. https://doi.org/10.1145/3399971.3399984

Dash, S. & Bhoi, C.(2024). Exploring the intersection of education and artificial intelligence: A comprehensive review. *International Journal of Multidisciplinary Approach Research and Science, 2*(02), pp.601~610.

Hervas-Gomez, C. et al.(2024). *The education revolution through artificial intelligence enhancing skills, safeguarding rights, and facilitating human-machine collaboration.* Octaedro.

Impelsys. Ipc-scholar 3.0. https://www.impelsys.com/products-and-platforms/ipc-scholar/

Pipkin, C.(2015.4.1). Five key elements of personalized learning. EdSurge. https://www.edsurge.com/news/2015-04-01-five-key-elements-of-personalized-learning

06
AI와 인간 교사의 가르침 결합

이제 더 이상 AI는 두려워할 존재가 아니라 교육의 강력한 동맹자로 다가오고 있다. 교육의 미래는 AI와 인간 교사 중 하나를 선택하는 것이 아니라 AI-인간 교사 협업의 강력한 잠재력을 수용하는 데 있다. AI는 교사가 가르치는 데 최선을 다할 수 있도록 도와야 한다. AI는 교사를 대체하는 것이 아니라 지원 도구가 되는 파트너다.

AI와 민주주의?

AI와 인간 교사의 협업

AI가 전 세계 산업을 재편함에 따라 교육 분야의 글로벌 AI 시장은 2024년 51억 8000만 달러에서 2034년에는 1123억 달러로 성장할 것으로 예상한다. AI는 학교 교실에서 인간 교사를 대체하는 것이 아니라 전례 없는 방식으로 교사의 능력을 향상할 수 있는 기회를 제공할 것으로 예상한다(World Economic Forum, 2025). 이러한 변화는 이미 진행 중이며, AI와 인간 교사는 모두 교실에 뚜렷한 강점을 제공할 수 있으므로 진정한 마법은 인간 교사와 AI의 강점이 결합할 때 발생할 것이다.

AI는 학교 교실에서 교사들이 객관식 평가 채점, 학생 진도 추적, 연습 문제 생성 등과 같은 일상적인 작업 처리가 가능하도록 도와준다. 교사는 AI 비서 등을 통해 학생들에게 의미 있는 피드백을 제공하고 그룹 토론의 촉진을 돕는다. 학생들은 AI 기반 적응형 학습 플랫폼을 사용하여 콘텐츠를 개인화할 수 있다. 따라서 인간 교사는 교실에 감성 지능을 가져와 학생의 학습 성과에 영향을 미칠 수 있는 복잡한 개인 상황을 이해하고 그에 따라 교육 방식을 조정하는 데 집중할 수 있다. 가장 중요한 것은 교사가 멘토 역할을 하여 학생들에게 영감을 주고 사회·정서적 발달 촉진에 집중할 수 있다는 것이다.

사람처럼 자연스럽게 대화할 수 있도록 만드는 AI 대규모 언어 모델(LLM)인 챗지피티가 출시되면서 실시간 의미 있는 피드백 방식에 변화가 생겼다. 모든 학생이 챗지피티에 요청만 하면 평가 및 시험용 에세이를 작성할 수 있게 되면서, 학교는 이러한 새로운 변화에 맞춘 교수 및 평가 방식에 어려움을 겪고 있다. 교수 및 평가 방식을 해결하는 방법으로 AI 사용을 제한 또는 금지하거나, 지피티제로(GPTZero) 등과 같은 표절 방지 소프트웨어를 사용하는 것이다. 또 다른 방법으로는 호주의 주요 연구 중심 대학교인 G8처럼(The Guardian, 2023) 무결정성 위험이 낮은 과목에 대해 '펜 앤드 페이퍼 시험(pen and paper)' 시험 횟수를 늘리는 것으로 평가 방식을 재설계하고 시험 시간 조정 및 구두 발표 도입 등이 있다.

이렇게 AI와 인간 교사 간의 협업은 가르치는 방법을 향상할 뿐만 아니라 교사의 업무 스트레스를 비롯한 중요한 문제를 해결하는 데 필수가 되고 있다. 오늘날 많은 연구 및 교육 기관에서 우리가 처해 있는 교육 과제를 자동화할 수 있는 AI의 잠재력을 강조하지만, AI와 인간 교사의 역할에 대한 우려도 제기되고 있다(Koh et al., 2023).

따라서 AI와 인간 교사의 관계를 이해하는 새로운 방식이 필요하다. 교사들이 새로운 AI 도구와 상호작용하며, 교실 현장에서의 모범 사례를 개선하고 활용하는 방식은 머지않아 교실에서 수업이 진행되는 방식에 큰 영향을 미칠 것이다. AI가 학교 교실에 침투하면서 교사의 역할은 '촉진자'로 바뀌고 있다. 이는 학생의 학습경험에도 영향을 미친다. AI뿐만 아니라 새로운 기술이 교육에 도입됨에 따라 교사의 역할 또한 이러한 새로운 변화에 맞춰 진화할 것이다. 예를 들어 AI 기반 챗봇인 큐봇(Alex Qbot)은 어려움을 겪는 학생을 찾아내 교사에게 알려 줄 수 있다. 교사는 AI와 협력하여 지식과 격려를 동시에 제공하는 두 가지 역할을 모두 수행할 수 있으며, 학생과 정서적으로 교감을 할 수 있다(Koh et al., 2023).

교육적 관점에서 인간 교사와 AI 간의 협업은 학생의 학습을 최적화하는 전체적인 학습 환경을 조성하여 학생들에게 혁신적인 학습경험을 제공하는 방법을 만드는 데 있다. 따라서 인간 교사와 AI 간의 협업 접근 방식은 두 엔티티(entity)의 강점을 모두 활용할 수 있다. 즉 AI는 일상적인 작업 자동화와 개인화된 피드백 제공에 사용하고, 인간 교사는 의미 있는 학생-교사 관계를 조성하고 감성 지능과 비판적 사고 및 창의성을 촉진하는 데 집중하게 하는 것이다.

따라서 교육의 미래는 인간 교사와 AI 중 하나를 선택하는 것이 아니라 두 세계의 장점을 모두 수용하는 데 있다.

AI에 의한 교사의 교수 전략

빠르게 진화하는 교육 환경에서 AI는 교사에게 없어서는 안 될 강력한 동반자로, 교수·학습 방식을 혁신할 수 있는 강력한 잠재력을 가진 도구로 부상하고 있다. AI에 의해 학생들의 학습 방식이 변화하는 것 외에도 교사의 수업 방식도 변화하고 있다. 일부 사람들은 AI를 전통적인 교수법과 교직 자체에 대한 위협으로 생각하는 반면, AI를 학생들의 학습경험을 향상할 수 있는 강력한 도구로 본다.

학교 교실에서 AI가 교사의 교수 방법에 어떤 영향을 미치는지 알기 위해서는 AI와 활용 방법에 대한 이해가 필요하다. 교수에 적용되는 AI 기술에는 학생의 성과에 따라 콘텐츠를 개인화하고 활동을 조정하는 기계 학습, 자동화된 평가와 음성 인식에 사용되는 인공 신경망(artificial neural network)과 딥러닝(deep learning), 챗봇과 음성 비서를 통해 컴퓨터와 인간의 언어 간의 상호작용을 촉진하여 대화형 학습을 향상하는 자연어 처리 등이 있다. 이러한 기술은 능동적 학습을 강조하는 피아

제(Piaget)의 구성주의, 비고츠키(Vygotsky)의 사회적 구성주의, 개인의 필요에 따라 교육을 개인화하는 적응 학습 이론과 같은 교육 이론과 일치하는 면이 있다.

요즘 학교에서는 AI를 결합하여 교수 전략을 개선하는 방법을 모색하고 있다. 교사가 가르치는 데 AI를 도입하여 수업을 풍부하게 하고 역동적인 학습 환경을 조성하며, 시간과 노력을 절약하고 있다. 교사는 이렇게 절약된 시간을 교실에서 학생들을 더욱 깊이 이해하고 의미 있는 상호작용에 투자함으로써 진정으로 인간 중심적인 접근 방식을 채택하는 데 사용한다.

교육은 본질적으로 인간적인 활동이다. AI가 빠르고 정확한 결과를 제공할 수 있지만, 진정한 학습과 성장을 촉진하는 것은 바로 인간과의 상호작용이다. 이는 수업 성과를 향상할 뿐만 아니라 모든 학생이 존중 받고 있다고 느끼는 양육적이고 포용적인 교실 환경을 조성하게 될 것이다.

AI를 활용한 교수 업무 개선

AI를 교수에 통합하는 것은 디지털 리터러시와 적응형 교수 스킬(adaptive teaching skills)의 필요성을 포함하여 교사에게 영향을 미치는 요소들이 제기된다. 교사들은 AI 기술 발전에 발맞추기 위해 끊임없이 연수를 받는다. 그러나 특히 교육 경력이 많은 교사들은 디지털 소양이 부족한 실정이다.

AI를 교수 향상 도구로 활용하려면 항상 교사를 중심에 두어야 한다. 교사를 중심에 두고 AI를 교수 향상 도구로 사용한다는 것은 교수에 대한 인본주의적 관점을 최우선으로 고려하는 것을 의미한다. 이는 AI가 교사를 대체하지 않음을 의미한다. 이는 단순히 교사의 업무를 더 쉽게 만드는 것이 아니라 대부분의 교사가 원하는 것을 할 수 있도록 하는 것이다. 예를 들어 학생들을 더 깊이 이해하고 가르칠 수 있는 순간에 창의적인 방식으로 대응할 시간을 더 많이 확보하는 것이 포함된다.

휴먼 인 더 루프 AI(human in the loop AI)를 개념화할 때 다음과 같은 방법으로 교사를 중심에 둔다. 교사는 교수 업무를 수행하면서 순간순간 결정을 내리는 반복(루프)에, 전문성 개발을 포함하여 수업을 준비하고, 계획하며, 성찰하는 루프에, AI 기반 기술 설계에 관한 결정, 기술 선택, 기술평가에 참여함으로써 자신의 교실뿐만 아니라 동료 교사의 교실에도 맥락을 형성한다 (Cardona et al., 2023).

맥킨지 보고서(McKinsey & Company, 2020)에 따르

면 AI의 초기 이점이 행정 또는 사무 업무의 부담을 줄여 교육 업무를 개선하는 데 있을 수 있다고 처음 제시했다. AI 기반 기술로 인해 절약된 시간을 더욱 효과적인 교육에 재투자해야 한다고 제안했다. 특히 AI는 주당 평균 11시간의 학습 준비 시간을 6시간으로 단축하는 것과 같은 성과를 낼 수 있다. 낮은 수준의 세부 사항을 처리하여 수업 부담을 덜고 학생에 대한 집중력을 높여 준다. 훌륭한 교사는 크고 작은 모든 수준의 세부 사항에 숙달해야 한다. 특정 학생과 함께 작업할 때 교사는 나중에 해당 학생에게 유용한 학습 자원을 보내고 싶을 수 있다. 이때 AI 비서 등을 사용하면 교사는 수업이 끝난 후 후속 조처를 할 수 있도록 간단한 음성 메모를 분류하여 정리하는 것이 더 쉬워질 수 있다. 또한 교사는 AI 비서를 활용하여 학부모에게 학생들의 최근 수업 내용을 기반으로 초안을 작성하는 데 도움을 받을 수 있으며, 다문화 가정 학부모와 협력할 수 있도록 언어 번역에도 도움을 받을 수 있다.

AI는 교사 전문성 개발을 더 생산적이고 유익하게 만든다. AI 도구들을 통해 교사는 수업 내용을 녹화하고 AI 알고리즘을 통해 전문 개발 코치와 함께 검토할 만한 수업 토론의 핵심 내용을 제안 받을 수 있다. AI는 학생들의 발언량 증가 또는 감소와 같은 지표를 계산할 수 있는데, 이는 교사가 수업 중에 계산하기 어려운 부분이다. 학생 참여도를 높이고자 하는 교사에게 이러한 지표는 유용한 도구가 될 수 있다(Cardona et al., 2023).

수업 시뮬레이션 도구 또한 새롭게 등장하고 있으며, 교사들이 현실적인 상황에서 자신의 역량을 연습할 수 있도록 지원한다. 시뮬레이터는 실제 교실 수업 예시를 포함하고, 참여자의 얼굴과 목소리를 변경하여 교사들이 신원을 밝히지 않고도 수업 상황을 공유하고 논의할 수 있도록 한다(Ersozlu et al., 2021).

AI를 통한 교사들의 교수 업무 개선을 위해서는 교사들에게 필요한 기술을 제공하고 교수 실제의 혁신을 촉진하기 위한 지속적인 교육 및 제도적 지원이 필요하다.

참고문헌

Cardona, M. A. et al.(2023). Artificial intelligence and the future of teaching and learning. Office of Educational Technology.

Ersozlu, Z. et al.(2021). Mixed-reality learning environments in teacher education: An analysis of TeachLivETM research. *SAGE Open, 11*(3).

Koh, J. et al.(2023). The human teacher, the AI teacher and the AIed-teacher relationship. *Journal of Higher Education*

Theory and Practice, 23(17), pp.199~211.

McKinsey & Company(2020). How artificial intelligence will impact K?12 teachers. https://www.mckinsey.com/industries/education/our-insights/how-artificial-intelligence-will-impact-k-12-teachers

Soares Duque, R. D. C. et al.(2024). Artificial intelligence and teaching practice: Concepts, applications and educational challenges. *IOSR Journal of Business and Management, 26*(10), pp.24~30.

The Guardian(2023.1.10). Australian universities to return to 'pen and paper' exams after students caught using AI to write essays. https://www.theguardian.com/australia-news/2023/jan/10/universities-to-return-to-pen-and-paper-exams-after-students-caught-using-ai-to-write-essays

World Economic Forum(2025). How AI and human teachers can collaborate to transform education, https://www.weforum.org/meetings/world-economic-forum-annual-meeting-2025/

07

AI는 교육 과정의 일부

AI는 우리가 생각하는 것보다 일상생활에서 더 많이 상호작용하고 있다. AI를 거부하는 것 자체가 어렵게 되었다. 이제 우리는 자신의 삶에서 사용되는 AI를 통제할 힘을 가져야 한다. 우리는 AI를 수용하고, 이에 따라서 야기되는 문제를 해결할 수 있어야 한다.

AI와 애니메이션?

AI를 교육과정에 편제

우리 사회는 그 어느 때보다 디지털화되고 자동화되었다. 이 새로운 디지털 패러다임에서 성공하기 위해 우리는 AI가 무엇이고, 어떻게 작동하는지 이해해야 한다.

AI는 우리의 개인적, 직업적 삶에 전례 없는 변화를 불러왔다. 국가는 빠르게 변화하는 세상의 요구를 충족하도록 초·중등 및 고등교육에서 학생들의 AI 소양(literacy) 역량과 인식 확장에 노력을 기울이고 있다. AI는 더 이상 공상과학소설의 개념이 아니라 점점 더 일상생활의 일부가 되어 가고 있으며 우리가 주변 세계와 상호작용하는 방식을 바꾸어 가고 있다. 따라서 미래 세대가 AI와 그 의미에 대한 정확한 이해를 갖는 것이 매우 중요하다.

우리나라는 2022 개정 교육과정을 통해 초등 실과 교과와 중등 정보 교과 교육과정을, 디지털 대전환 시대의 국가·사회적 요구를 반영하여 미래 사회 변화에 적극적으로 대응할 수 있는, 역량 강화의 방향으로 설계했다. 정보 교과의 역량은 '지식 정보 처리', '창의적 사고', '협력적 소통', '공동체 역량'과 연계하여 '컴퓨팅 사고력', '디지털 문화 소양', 'AI 소양'을 기르는 데 중점을 두고 있다. 초등학교는 실과의 정보 영역 시수와 학교 자율 시간 등을 활용하여 34시간 이상, 중학교는 정보 교과의 정보 수업 시수와 학교 자율 시간 등을 활용하여 68시간 이상, 고등학교는 정보, 인공 지능 기초, 데이터 과학, 소프트웨어와 생활, 정보 과학의 과목을 선택하여 편성・운영하도록 하고 있다. 2022 개정 교육과정에서 초등학교는 독립된 '정보 교과'가 없어 AI를 실과의 '디지털 사회와 인공 지능' 영역에, 중・고등학교는 정보 교과에 '인공 지능' 영역을 추가해서 가르치고 있다. AI 소양은 인간과 AI의 공존을 모색하는 사람 중심의 AI 윤리의식과 데이터에 대한 이해를 기반으로 AI를 통해 문제를 해결할 수 있는 능력을 의미한다(교육부, 2022a; 교육부, 2022b).

최근 교육 연구자들은 AI 소양은 초・중등 및 고등교육 학생의 최소 학습 성과라고 주장한다. 고등교육의 교육과정에 AI를 통합하는 것은 데이터 과학, 컴퓨터 과학, 공학과 같은 특정 스템(STEM, Science, Technology, Engineering, Mathematics) 학문 분야에 국한되었다(Kandlhofer et al., 2016). 이는 프로그래밍 및 AI 개발 전문 지식이 종종 있는 중요한 분야지만 학교 교육에서 더 광범위한 AI 교육이 절실히 필요하다는 것도 분명해졌다.

AI를 교육과정에 통합한 사례를 살펴보면, 국내・외

를 불문하고 초·중등 및 고등교육 기관은 AI를 단순한 도구로 접근하는 사례가 많다(Southworth et al., 2023; 에이답; SW중심대학협의회). AI 이니셔티브가 매우 제한적이어서 학제 간 탐구를 위한 포괄적인 기술 또는 접근 방식 세트이며 학습자의 전 삶의 경험과 교육을 포괄해야 한다. 따라서 AI는 대학교의 기본 교육과정 목표에 내장되어야 한다.

미국 캘리포니아대학교 샌디에이고, 워싱턴대학교, 캘리포니아대학교 버클리의 일부 교육 프로그램은 이러한 학제 간 개념을 수용했다. AI는 광범위한 기본 기술과 접근 방식, 그리고 윤리 및 편견에 대한 매우 중요한 문제가 있는데 AI 교육에는 여전히 깊이와 폭이 상당히 부족함을 보였다(Ng et al., 2021).

따라서 앞으로 초·중등 및 고등교육에 AI를 통합할 때 기본 기술, 접근 방식과 더불어 AI 윤리, 편견 등도 고려되어야 한다.

이미 우리 일상생활은 물론이고 직장에서도 AI가 보편화됨에 따라 AI를 이해하고 상호작용을 잘하는 사람들은 AI 기술에 대한 이해가 부족한 사람들보다는 많은 이점을 갖게 될 것이므로, AI를 초·중등 및 고등 교육에 통합하는 것은 학생들이 21세기 직장에 대비하는 데 필수가 되고 있다. 우리가 AI를 교육과정에 통합하면 모든 학생에게 AI 학습 기회를 제공함으로써 점점 더 AI에 의해 형성되는 세상에서 성공하는 데 필요한 지식과 기술을 제공할 수 있게 될 것이다.

AI를 모든 교과 수업에 통합

2022 개정 교육과정에서는 모든 교과를 통해 디지털 소양을 함양하는 수업을 설계하도록 강조하고 있다(교육부, 2022a). 학교 교실 수업 시 학습할 교육 내용과 학습 수행 과정의 효율성을 높이기 위해 적절한 AI · 디지털 기술 및 도구를 선정하고 이를 통해 AI · 디지털을 융합한 디지털 기반 수업 진행하고 있다. AI를 모든 교과의 수업에 적용하는 것은 다음 세대들에게 AI 지식과 기술을 제공하기 위함이다. 즉 AI가 무엇이고 어떻게 사용할 수 있는지에 대한 더 나은 이해를 통해, 모든 학생에게 21세기에 필요한 지식과 기술을 제공할 수 있다. 이 목표를 달성하기 위해 초 · 중등 및 고등교육의 교육과정에 AI 이론과 AI 응용 프로그램을 통합해야 한다.

우리나라는 초 · 중등의 모든 교과에서 AI를 활용하거나 AI 기술을 융합한 교육을 통해 수업의 질을 개선하고자 국가 차원의 에이답(AIEDAP) 사업을 수행하고 있다.

AI · 디지털 기본 소양을 바탕으로 교과 내용과 AI · 디지털을 융합한 디지털 기반 수업은 '교과의 교수 학습 방법에 AI · 디지털을 접목' 유형, '교과와 AI의 내용적 측면인 알고리즘, 문제 해결 절차, 데이터 속성 등을 연계' 유형 및 'AI · 디지털 기술을 기반으로 한 교과 간 융합 수업 설계' 유형의 수업 혁신 모델을 학교 현장에서 파일럿 프로젝트로 수행하고 있다(에이닷). 고등교육에서는 SW중심대학 사업을 통해 대학교 교육을 SW 중심으로 혁신하여, 전문 인력을 양성하고, 학생, 기업, 사회의 경쟁력을 강화하여 진정한 SW 가치를 확산하고 있다(SW중심대학협의회 자료실).

우리는 국가 주도적으로 수행하는 사업을 통해서 AI를 교실 수업에 통합하는 것은 쉬운 일이 아니며, 교사의 시간과 헌신이 필요함을 경험했다. 따라서 모든 교과 수업에 AI를 책임감 있고 정직하게 수용할 수 있는 교실 환경을 조성하는 것이 필요하다. 따라서 교사는 AI 통합에 대한 기대치를 투명하게 공개할 필요가 있다. 교사는 잠재적인 문제를 예측하고 적절한 사용에 대한 지침을 제공하는 명확한 교실 정책을 마련해야 한다. 투명한 정보 제공은 학생들이 AI 도구를 탐색하고 이해하는 데 도움을 줄 수 있게 될 것이다.

교실에서 AI 채택 문화 조성

AI는 오늘날 학교 문화가 변화하는 원동력으로 부상하고 있다. AI 기술의 등장은 학교에서의 전통적인 규범과 관행을 재정의하고 있으며, 새로운 교수, 학습 및 행정 관리 방식을 도입하고 있다.

교실에 AI의 출현은 단순한 기술 발전을 넘어 교육 경험의 핵심을 재편하고 있어, 교실에 AI를 채택하는 문화를 조성하는 것이 매우 중요하게 되었다. 이러한 문화는 윤리적 AI 사용, 지속적인 학습, AI 기술에 대한 비판적 참여라는 원칙을 기반으로 구축되어야 한다. 또한 정책 결정에서 교실 활동에 이르기까지 정부, 학교 등 모든 수준에서 스며들어야 한다. 학생들이 AI의 잠재력과 한계, 고용 시장에 미치는 영향, 개인정보 보호 문제, 의사 결정 과정에 미치는 영향 등과 같은 주제에 대해 질문하고 탐구하도록 장려하면, 학생들은 AI 기술을 더 깊이 이해하고 책임감 있게 사용할 수 있게 될 것이다. 이러한 주제에 대한 비판적 사고를 장려함으로써 학생들은 AI에 대한 미묘한 이해를 개발하고 AI 기반 세계를 탐색하는 데 필요한 기술을 갖추게 될 것이다.

교육과정에 AI를 통합하기 위해서는 혁신과 지속적인 개선에 대한 비전과 새로운 교수법, 기술에 대한 실험을 장려하는 환경을 조성함으로써 교사와 학생들에게 영감과 동기를 부여할 수 있는 교장의 변혁적 리더십이 요구된다. 또한 전문성 개발을 촉진하고, 열린 소통을 장려하며, 모든 이해 관계자가 의사 결정 과정에 참여함으로써 변화가 지속적으로 이루어지기 위해서는 협력적 문화가 필요하다. 변화를 예측하고 새로운 기술을 수용하는 리더는 지속적인 학습과 적응에 도움이 되는 환경을 조성하며, 학교 리더의 비전과 전략 또한 이러한 기관의 구조와 문화에 상당한 영향을 미친다. AI가 교사의 전문성 향상과 개인 맞춤형 학습경험을 지원하는 반면, 지속적인 혁신 문화를 조성하는 학교 리더십의 역할이 매우 중요하다. 학교 리더들은 교사들이 새로운 기술적 과제에 적응할 수 있도록 역량을 강화하는 환경을 조성하여 교육 환경에서 학교의 경쟁 우위를 보장하고 있다 (Kesim et al., 2025).

AI로 강화되는 교육의 미래는 엄청난 잠재력을 가지고 있으며, 책임감 있고 윤리적인 관행에 중점을 두고 복잡성을 탐색하는 것이 그 약속을 완전히 실현하는 열쇠가 될 것이다.

참고문헌

교육부(2022a). "초·중등학교 교육과정 총론".

교육부(2022b). "실과(기술·가정)/정보과 교육과정".

에이답(AIEDAP). https://aiedap.or.kr/

SW중심대학협의회 자료실. https://www.swuniv.kr/45

Kandlhofer, M. et al.(2016). Artificial intelligence and computer science in education: From kindergarten to university. *IEEE Frontiers in Education Conference(FIE)*, pp.1~9.

Kesim, E. et al.(2025). Reshaping school cultures: AI's influence on organizational dynamics and leadership behavior. *Leadership and Policy in Schools, 24*(1), pp.117~136.

Ng, D. T. K. et al.(2021). Conceptualizing AI literacy: An exploratory review. *Computers and Education: Artificial Intelligence, 2*, 100041.

Southworth, J. et al.(2023). Developing a model for AI across the curriculum: Transforming the higher education landscape via innovation in AI literacy. *Computers and Education: Artificial Intelligence, 4*, 100127.

08
교육에서 디지털 생태계 활성화

디지털 생태계는 조직 내 지식 공유를 촉진하는 데 중요한 역할을 한다. 2000년대 초부터 디지털 생태계는 교육에서 그 중요성이 커지고 있다. 교육에서 디지털 생태계를 만드는 것은 협업을 촉진하고, 효율성을 높이고, 빠르게 디지털화되는 세상에 학생들이 대비할 수 있도록 한다.

AI와 인재 채용?

교육의 디지털화

기술 발전의 급속한 증가로 사회의 디지털화가 대두되었다. 사회 모든 측면에서 기술이 미치는 영향이 관찰됨에 따라, 디지털화가 직업과 교육에 미치는 영향은 불가피하다. 교육에 기술을 도입하는 것만으로는 교육이 직면한 문제를 해결한 적이 없다. 그러나 디지털화(digitalization) 과정은 진화하고 복잡하며, 교육은 종종 우리의 분석 능력을 능가하는 방식으로 변화해 왔으며 앞으로도 계속 변화할 것이다(Norrag, 2022).

코로나19로 인한 원격 근무와 원격 교육이 필요해지면서 디지털화의 중요성이 더 부각됐다. 코로나19는 교육의 모든 단계에 영향을 미쳐 일부 국가에서는 학교를 일시적으로 폐쇄하고 디지털 플랫폼을 통해 온라인 교육으로 전환해야 했다. 팬데믹 이전에는 선호되지 않았던 온라인 교육 플랫폼이 주목 받으면서 교육의 디지털화 적응 과정이 가속화되었다(Ariso, 2022). 디지털화하는 속도뿐만 아니라 '디지털 격차(digital gap)'도 벌어졌다. 교육 분야도 이런 변화에 중요한 역할을 하고 있다.

교육의 디지털화는 온라인 강좌, 가상 교실, 디지털 교과서 등 디지털 기술을 활용하여 일상의 교수, 학습에 접목하는 것으로 정의할 수 있다(Gupt et al., 2021). 이러한 디지털 학습으로의 전환은 교사들이 학생들에게 맞춤형 학습 계획과 교육과정을 제공할 수 있게 된 기술 발전 덕분에 가능해졌다. 교육 디지털화는 교사와 학생 모두에게 다양한 가능성을 열어 주었다. 교사에게는 다양한 자료에 빠르고 쉽게 접근하여 학생들에게 더욱 흥미로운 수업 제공, 학생에게는 이전보다 훨씬 빠르고 정확하게 온라인에서 시험과 성적 제공이 가능해졌다. 하지만 교육의 디지털화에는 몇 가지 어려움도 있다. 예를 들어 교사가 최신 기술 동향을 파악하거나 모든 학생이 필요한 장비를 이용할 수 있도록 보장하는 데 어려움이 있을 수 있다. 또한 교실에서 디지털 도구를 사용할 때 학생의 개인정보 보호에 대한 우려가 발생할 수 있다 (Ainslee, 2021).

이러한 어려움에도 불구하고 교육의 디지털화는 여전히 진행 중이며, 학습 및 교수 방식에 지속적으로 혁신을 가져올 것이다. 또한 교육 디지털화는 교사와 학생 간의 새로운 협업 기회를 제공하고 전 세계 어디에서나 교육 자료에 접근할 수 있게 해 줌으로써 이미 학습 방식에 큰 영향을 미쳤다. 새로운 디지털 기술이 전례 없는 속도로 발전함에 따라 앞으로 더욱 흥미로운 변화가 기대된다.

교육에서 디지털 생태계

생태계(Ecosystem)란 1935년 영국 생물학자 아서 조지 탠슬리(Arthur George Tansley)가 제안한 개념으로 생명체와 그 환경으로 구성된 생물학적 체계를 의미한다(Wikipedia). 이러한 생태계는 경제적 · 사회적 상호 연결과 관련된 사회와 조직의 모든 측면을 포괄하도록 발전했다. 통합적이고 원활한 디지털 경험을 가능하게 하는 상호 연결된 요소들의 집합을 디지털 생태계라 한다.

교육 분야에서 디지털 생태계는 2000년대 초반부터, 특히 학습/콘텐츠 관리 시스템(LMS/CMS) 구현과 협업 또는 소셜 공간을 통한 개방형 디지털 교육 콘텐츠 공유를 통해 더욱 일관성을 확보했다(Rojas & Chiappe, 2024). 2000년대 이후 디지털 기술의 발전은 소프트웨어, 하드웨어, 디지털 서비스가 시너지 효과를 발휘하며 상호 보완을 하는 디지털 생태계의 출현으로 이어졌다(OECD, 2023).

AI가 계속 발전함에 따라 교육 분야에서 더 많은 변화와 혁신을 위한 큰 잠재력을 보여 주고 있다. 교육에 AI를 효과적으로 활용하려면 적절한 디지털 생태계가 필요하다. 디지털 생태계는 방대한 양의 자료를 수집하는데 필요한 인프라를 제공하여 학습을 개인화할 수 있게 한다(Emil et al, 2022). 교육에서 디지털 생태계 기능은 교육적 의사 결정에 중요한 정보를 제공하거나 교육과정을 변화하는 데 큰 도움이 될 수 있다. 다양한 디지털 도구를 통해 수집된 정보를 통합할 수 있다면 디지털 솔루션과 디지털 혁신의 이점을 교육 이해 관계자에게 제공할 수 있다.

최근에는 AI 역량을 활용하여 개인화된 맞춤형 교육 경험을 촉진하기 위해 협력하는 다양하고 상호 연결된 요소들로 구성된 복잡하고 역동적인 환경인 AI 기반 디지털 생태계로 전환되고 있다.

교육에 AI가 통합되면서 학생들에게 개인화된 학습경험과 교육을 개선할 기회를 제공하고 있다. 그러나 이를 위해서는 데이터 전송 및 AI 알고리즘을 지원하는 강력한 네트워크 인프라가 필요하다. 강력한 네트워크 인프라는 AI 기술의 개발 및 배포에도 필요하며, 온라인 학습 플랫폼과 같은 교육 주도권(initiative)을 지원하는 데 활용될 수 있다. 또한 AI는 학생 성취도 패턴을 인식하고 교육 지원이 부족한 부분을 파악하여 학생들에게 더 나은 서비스를 제공하기 위한 교육 프로그램과 인프라를 개선하는 데 도움이 될 수 있다. 사용자는 디지털 네트워크를 통해 서비스에 액세스하기 위해 애플리케이션을 사용한다. 이러한 맥락에서 AI는 이러한 모든 단계에 통합되어 사용자 경험 개선, 서비스 개인화, 프로세스 최적화 및 데이터 기반 인사이트를 제공할 수 있다. 앱과 서비스를 통한 사용자 피드백은 AI 알고리즘에 제공되어 효율성과 개인화를 향상할 수 있다(Rojas & Chiappe, 2024; Sivetc & Wijermars, 2021).

따라서 교육 디지털 생태계를 구축하기 위해서는 구성하는 요소에 대한 명확한 이해가 필수다. 학교는 기술 인프라, 교육적 접근 방식, 평가 방법 등 성공적인 교육 디지털 환경의 구성 요소가 포함된 구조(framework)를 개발해야 한다. 교육 디지털 생태계가 다양한 요구를 충족하고 공동의 비전을 증진하기 위해서는 개발 과정에 교사, 학생, 학부모 등 이해 관계자가 반드시 참여해야 한다. 또한 피드백과 새로운 모범 사례를 바탕으로 디지털 교수, 학습 전략을 정기적으로 평가하고 수정하는 것은 지속적인 개선과 관련성을 위해 매우 중요하다.

교육 디지털 생태계 활성화 전략

코로나19로 인해 전 세계 많은 나라들은 교육정책에 디지털로 강화된 교수, 학습에 대한 전략적 반영을 가속화했다.

미국은 '미래를 위한 준비(Ready for the Future)'라는 비전 아래 디지털 교육 생태계를 발전해 왔다. 미국은 학생들의 창의적 문제 해결 능력, 디지털 소양, 그리고 AI 시대에 적합한 역량 함양을 정책 목표로 수립했다. 이를 위해 연방 정부는 주 정부 및 지방 교육청과 협력하여 기술 기반 교육 거버넌스를 강화하고, AI 및 데이터 기반 개인 맞춤형 학습을 확대하고 있다. 영국은 2019년 에듀테크 전략을 발표하며 교육 분야에서 기술 활용을 전략적으로 추진하고 있다. 정책 목표는 교사의 디지털 역량 강화를 기반으로 교육 품질을 향상하고, 민간 에듀테크 기업과의 협력을 통해 혁신적 교육 환경을 구축하는 데 있다. 코로나19 이후에는 AI 기술과 학습 분석 기반의 평가 및 수업 개선 전략이 강화되었다. 대표적인 사례로는 국가 차원의 온라인 수업 플랫폼(Oak National Academy, https://www.thenational.academy/)을 통해 AI 기반 학습 진단 및 맞춤형 학습 시스템이 전국적으로 시범 도입되고 있다. 우리나라는 '디지털 기반 교육 혁신 전략 및 AI 교육 중장기 정책'을 통해 미래형 인재 양성을 목표로 하고 있다. 핵심 정책 목표는 모든 학생의 디지털 소양 역량과 AI 역량을 체계적으로 함양하는 것이며, 이를 위해 초 · 중 · 고 교육과정에 AI 과목을 도입하고 있다. 1인 1디지털 기기 보급 사업, AI 기반 디지털 교과서(AIDT) 시범 운영, 그리고 디지털 학습 지원 플랫폼(EBS 온라인클래스, https://ebsoc.co.kr/) 등이 대표적인 추진 사례다. 또한 교사 대상 AI 연수와 AI 선도 교원 양성 프로그램을 통해 교원의 역량 강화에도 집중하고 있다(OECD, 2023).

이처럼 각국은 공통으로 디지털 격차 해소, 교사 전문성 강화, 기술 기반 맞춤형 교육 도입을 중심으로 교육 디지털 생태계를 지속적으로 고도화하고 있으며, 국가별 상황에 맞춘 전략적 접근을 펼치고 있다. 포용과 소양을 우선시하는 이 전략은 모든 교육 수준에서 디지털 기술의 통합을 강조하고 있다.

참고문헌

Ainslee, J.(2021). Digitization Of Education In The 21st Century. eLearning Industry. https://elearningindustry.com/digitization-of-education-21st-century

Arisoy, B.(2022). Digitalization in education. *Cypriot Journal of Educational Sciences, 17*(5), pp.1799~1811.

Emil L. Jacobsen et al.(2022). Active personalized construction safety training using run-time data collection in physical and virtual reality work environments. *Construction Innovation:*

Information Process Management, 22(3), pp.531~553. https://doi.org/10.1108/CI-06-2021-0113

Gupta, S. L. et al.(2021). *Transforming higher education through digitalization: Insights, tools, and techniques.* CRC press. https://doi.org/10.1201/9781003132097

Norrag(2022). Policy insights: The digitalisation of education.

OECD(2023). *OECD digital education outlook 2023: Towards an effective digital education ecosystem.* OECD Publishing. https://doi.org/10.1787/c74f03de-en

Rojas, M. P. & Chiappe, A.(2024). Artificial intelligence and digital ecosystems in education: A review. *Technology, Knowledge and Learning, 29*(4), pp.2153~2170.

Shrier, D. L. et al.(2025). Considerations regarding sovereign AI and national AI policy.

Sivetc, L. & Wijermars, M.(2021). The vulnerabilities of trusted notifier-models in Russia: The case of netoscope. *Media and Communication, 9*(4), pp.27~38.

Wikipedia. Ecosystem. https://en.wikipedia.org/wiki/Ecosystem

09
교육을 위한 AI 거버넌스

약 2천 년 동안 우주론적 사고를 지배했던 지구 중심 패러다임이 붕괴하고 코페르니쿠스의 태양 중심 패러다임 전환으로 인해서 일부 사람들은 실존적 트라우마에 빠졌을 것이다. AI 시대, 가장 큰 코페르니쿠스적 트라우마는 일반적이고 비인간적인 지능이 우리 주변에 다양한 모습으로 존재한다는 것을 받아들여야 한다는 것이다.

AI와 기자?

디지털 빈곤

디지털 시대에 전 세계적으로 글로벌 연결성과 풍부한 온라인 정보 및 서비스에 대한 접근 제약인 디지털 빈곤(digital poverty)과 배제(exclusion)로 인한 사회경제적 제약에서 디지털 리터러시 격차에 이르기까지, 디지털 권리를 박탈당하는 사람들이 많이 존재한다. 인터넷에 접속할 수 없고 푸드 뱅크에 의뢰된 사람들의 44%가 사회적으로 심각하게 고립되어 있다고 한다(Trussell Trust, 2023; UK Communications and Digital Committee, 2023).

디지털 빈곤은 하드웨어, 소프트웨어와 인터넷 연결을 포함한 디지털 기술에 대한 접근성이 부족함을 의미한다(The British Academy, 2022). 이 개념은 디지털 기술을 효과적으로 사용하는 데 필요한 기술과 지식도 포함한다. 디지털 빈곤은 교육을 방해하고, 취업 기회와 필수 서비스에 대한 접근을 제한하고, 디지털 경제에 참여할 수 있는 능력이 감소되어 사회적, 경제적 불이익을 초래할 수 있기 때문에 중요한 문제다. 이는 선진국과 개발도상국 모두에 영향을 미치는 세계적인 문제이며 디지털 격차를 해소하기 위한 정책 및 사회 주도권의 초점이다.

특히 어린아이의 경우, 디지털 격차(digital divide)에 의해 교육 결과가 악화될 위험이 있으며, 이는 성인이 되었을 때 빈곤의 위험이 증가할 수 있다. 노트북, 인터넷 등 이를 사용하기 위한 데이터와 지식에 접근할 수 없으면 아이들은 학업에서 뒤처질 수 있다. 따라서 그들과 또래가 성취할 수 있는 것 사이의 격차는 점점 더 커질 것이다.

디지털 격차를 해소하기 위해서는 국가 단위의 포용적 전략이 필요하다. 디지털 기술을 효과적으로 사용하는 방법을 위한 디지털 리터러시 교육, 무료 온라인 플랫폼 제공, 제품 및 서비스를 모든 사용자가 액세스할 수 있게 하고, 정부-공공-민간이 협력하여 디지털 빈곤을 줄이기 위한 주도권을 개발하고 지원해야 한다. 그리고 플랫폼을 사용하여 디지털 빈곤에 대한 인식을 높이고 디지털 포용을 지원하는 정책 등을 실시해야 한다(김정수 · 엄주희, 2022; 최지은, 2024; 교육부, 2023).

디지털 격차는 AI 격차로 확대된다. 디지털 기술과 스마트 데이터의 사용으로 국가 교육 시스템이 변화함에 따라 학교 교육에 AI 도구의 통합이 교육 관행을 재편하는 데 중추적인 역할을 하고 있다(OECD, 2023). 최근 생성형 AI의 출현으로 AI의 힘이 모든 사람에게 공개되면서 교실에서 이에 대한 전례 없는 논쟁이 일어났다. 교육에서 생성형 AI에 대한 논쟁은 '부정행위'와 학생들이 스스로 과제를 수행하지 않아 학습 손실의 위험이 있다는 것이다. AI 기능은 그 어느 때보다 빠른 속도로 향상되고 있다. 생성형 AI 도구는 다른 기술 발전과 통합되면 챗봇을 학습경험의 더 큰 부분으로 만들 수 있으며 교수 및 학습에 대한 재정의가 필요하다.

AI와 교육 거버넌스

교육 거버넌스(education governance)는 국가 교육 거버넌스 시스템과 거버넌스 역량을 현대화하는 데 중요한 역할을 한다. 교육 거버넌스는 자율성(autonomy), 평등성(equality), 호혜성(reciprocity)을 바탕으로 참여, 대화, 협의, 협상 등의 상호작용을 통해 교육 분야의 공공 업무를 관리하는 정부와 다양한 사회 조직, 학교, 그리고 개별 시민 등 여러 주체 간의 협력을 수반하며, 변화하는 시대의 도전에 대응하고 효과적인 거버넌스 성과를 달성하는 것을 목표로 한다(Zhou et al., 2022).

AI는 교육의 시·공간을 재구성하여 교육의 전체 과정, 다양한 링크, 여러 분야에 총체적이고 일관된 방식으로 힘을 실어 주고 있다(Sun et al., 2024). 교육의 디지털 전환 단계에서 AI가 교육 거버넌스를 어떻게 주도해 가는지, 어떻게 하면 AI 기술을 활용하여 교육 거버넌스를 강화할 수 있는지에 대해 많은 관심이 집중되고 있다.

AI 기반 교육 거버넌스(AI-enabled education governance)는 교육, 사람, 사물에 대한 AI의 거버넌스 수단을 강조한다. AI 기술은 초·중등부터 고등교육까지 교육 거버넌스 변혁을 촉진하는 데 큰 기회를 가져왔다. 개인 맞춤형 학습경험부터 간소화된 행정절차에 이르기까지 AI는 학교생활의 다양한 측면을 혁신할 잠재력을 가지고 있다. 그러나 이러한 기회와 함께 학문적 접근, 데이터 보안, 그리고 신뢰에 대한 실질적인 우려도 제기된다. 따라서 디지털 전환이 지속 가능한 거버넌스에 효과적으로 이바지하려면 정책 입안자가 기술 혁신과 교육 행정의 포용성, 투명성 및 책임성과 필요성 사이에서 균형을 맞춰야 할 것이다.

인사이드 하이어 에드(Inside Higher Ed)의 최근 연구 보고서에서 대학교의 20%만이 AI 거버넌스 구조를 구축했거나 구축을 위해 노력하고 있다고 기술하고 있다. 따라서 AI 사용에 대한 명확한 지침과 정책이 없는 상황에서 대학교는 책임감 있고 윤리적인 AI 사용을 보장하기 위한 거버넌스 틀을 먼저 구축해야 한다고 지적하고 있다(Inside Higher Ed; Umoke et al., 2025).

초 · 중등 및 대학에 명확한 AI 정책을 도입하는 것이 중요할 뿐만 아니라 교육에서 AI의 이점을 활용하는 데 필수다. 이러한 정책은 교육자, AI 전문가, 윤리학자 및 더 넓은 커뮤니티가 참여하고 협력하여 개발되어야 한다. 또한 AI 기반 교육 거버넌스의 의미를 명확히 하고, 메커니즘을 정리하며, 이를 뒷받침하는 시스템을 합리적으로 모색하고, 시스템 메커니즘을 통한 교육 거버넌스의 실질적인 활동을 촉진하여 그 체계와 역량의 미래화를 도모해야 한다.

교육 분야 AI 거버넌스에 대한 다양한 현안의 폭넓은 이해를 보장하고 신뢰를 구축하기 위해 다양한 주체(정책 입안자, 연구자, 산업계, 교육자 등)가 참여해야 한다. 이러한 목표를 달성하기 위한 도구에는 세대 간, 부문 간 공공 참여 플랫폼이 포함되어야 한다. 이와 동시에 교육 분야에서 AI의 사회적 영향에 대한 종단 연구를 위해 정책 연구도 지속적으로 수행되어야 할 것이다. 우리는 강력한 AI 거버넌스 틀을 구축함으로써 학교는 AI가 교육 혁신, 형평성 및 우수성을 위한 촉매제 역할을 하는 환경을 조성할 수 있다.

교육 거버넌스를 가능하게 하는 AI의 가치

AI가 계속 발전함에 따라 교육 환경에서의 AI 사용을 관리하는 정책도 발전해야 한다. AI와 교육이 함께 협력하여 모든 학습자의 잠재력을 최대한 발휘할 수 있는 미래를 위한 토대를 마련하는 것은 오늘날의 교육자와 정책입안자의 책임이다.

AI 기술이 교육 분야에 깊이 통합되면서 교육 개념을 재구성하는 강력한 원동력이 되어 지식과 가치의 개념에 이중 혁신을 촉발했다. AI는 교육 거버넌스의 물질적 차원뿐만 아니라 문화적 가치에도 영향을 미쳤다. 기술 문화의 선구자로서 혁신, 협업 및 공유의 가치를 적극적으로 옹호해야 하며, 개념과 AI 기술의 긴밀한 통합은 개방적이고 포용적인 교육 환경을 형성했다. 이러한 환경에서 학생들은 지식에 대한 개방적이고 공유된 관점을 확립할 수 있으며, 이는 여러 문화의 수용 및 통합을 촉진하고 다문화 소양, 포괄적인 품질 및 혁신적인 사고를 갖춘 지적 인재 양성을 위한 견고한 기반을 마련할 수 있다. 이러한 인재는 급변하는 사회의 요구에 적응할 수 있을 뿐만 아니라 기술 발전과 미래 사회를 주도할 수 있을 것이다.

AI를 활용한 교육 거버넌스는 전통적인 시간과 공간

의 경계를 허물고 거버넌스에 전례 없는 불확실성과 도전을 가져온다. 그러나 이러한 불확실성은 교육 거버넌스 요소의 디지털화와 포괄적인 통합으로 이어졌고, '공급' 지향에서 '수요' 지향 접근 방식으로 전환되었다. AI 기술의 도입은 교육 서비스 프로세스의 최적화와 효율성 및 품질 향상에 이바지하고, 표준화에서 개인화로의 전환을 실현하여 보다 편리하고 효율적이며 개인화된 학습 지원을 제공한다.

AI 기술의 지속적인 혁신은 지능적이고 인간적이며 지속 가능한 방향으로 교육 거버넌스의 발전을 주도하고 있다. 지속 가능한 개발, AI 윤리, 디지털 격차 등과 같은 미래 사회의 복잡한 도전에 직면하여 교육 거버넌스는 미래지향적인 관점을 취하고 있다. 우리는 기술혁신을 교육 개념 및 거버넌스 모드와 긴밀하게 통합하고, 지능형 교육 플랫폼에 의존하여 미래 사회의 요구에 적응한 교육 거버넌스 모드를 모색해야 한다. 그리고 교육 자원의 할당을 최적화하고 교육 형평성과 포용적 성장을 촉진해야 한다. 동시에 글로벌 교육 거버넌스 생태계 구축을 통해 지능형 기술과 국경을 초월한 지식 공유, 경험 교류 및 협력의 중심적인 역할을 하고 글로벌 교육 과제에 공동으로 대응해야 한다. 미래를 향한 발전을 뒷받

침하는 내생적 원동력으로 AI 기술이 필요하다. 따라서 AI는 기술적 도구일 뿐만 아니라 교육 거버넌스 생태계를 촉진하는 중요한 힘이 될 것이다.

참고문헌

교육부(2023). "디지털 기반 교육혁신 방안". https://www.moe.go.kr/boardCnts/viewRenew.do?boardID=72769&boardSeq=94551&lev=0&searchType=null&statusYN=W&page=1&s=moe&m=0315&opType=N

김정수·엄주희(2022). "디지털 시대의 소외와 포용, 그리고 공법적 대응". 《법과사회》, 71, 227~254쪽.

최지은(2024). "디지털 역량 격차 측정에 관한 동향 및 시사점". 《ICT 이슈리포트》. 정보통신정책연구원.

InsideHigherEd. https://www.insidehighered.com/

OECD(2023). *OECD digital education outlook 2023: Towards an effective digital education ecosystem.* OECD Publishing.

Sun, P. et al.(2024). Artificial intelligence enabling education governance: Value orientation, key issues, path optimization. *Open Journal of Social Sciences, 12*(11), pp.219~237.

The British Academy(2022). Understanding digital poverty and inequality in the UK.

Trussell Trust(2023). Hunger in the UK.

UK Communications and Digital Committee(2023). Digital exclusion in the UK, 3rd Report of Session 2022-23. UK the house of lords.

Umoke, C. C. et al.(2025). The governance of AI in education: Developing ethical policy frameworks for adaptive learning technologies. *International Journal of Applied Science and Mathematical Theory, 11*(2), pp.71~88.

Zhou, H. Y. et al.(2022). *Research on Education Governance in China*. Hubei Education Press.

10
미래 지향적 교육 정책 방향

AI에 의해 산업과 우리의 일상생활이 빠르게 변화하는 시대에, 학교 교육 시스템은 학생들이 새로운 환경에서 성공하는 데 필요한 기술과 지식을 갖추도록 진화해야 한다. 국가는 AI 시대를 살아갈 구성원들에게 AI를 효과적으로 배우고, AI 기술을 개발하며, AI의 윤리적 혁신에 이바지할 수 있는 유연하고 능동적인 정책을 마련해야 한다.

AI와 미래 의사?

AI+교실=스마트 교실

코로나19는 사회 전반에 걸쳐 대혼란을 초래하였고, 특히 교육 분야에 많은 영향을 미쳤다. 사회적 거리 두기로 인해 학교가 봉쇄되면서 학교 교실의 교수·학습 방식이 온라인으로 전환되었고, 학교는 대규모의 양질 교육을 제공해야 하는 문제에 직면했다. 이 시기에 대부분 사람은 눈치채지 못했지만, AI는 교육 도구로 활용되었다. 교육에서의 AI 기술의 통합은 교실, 학습 관리 시스템과 관리 프로세스 등에서 교육의 질, 접근성 및 효율성을 향상할 새로운 가능성을 보여 주었다.

학교 교육 목적이 인간 발달을 촉진한다는 것은 잘 알려진 사실이다. 따라서 학교 교육 환경은 학생들이 공존하는 법을 배우고, 각 학생의 개별적 차이점을 존중하며, 교육이 학생들의 삶과 조화를 이루는 경지에 도달할 수 있도록 해야 한다. 정보 기술의 급속한 발전과 함께, 새로운 교육 모델로서 스마트 교실은 점차 오늘날 교육의 중요한 부분으로 자리 잡고 있다.

교육의 미래는 기술 발전과 함께 빠르게 진화하고 있으며, 그 중심에는 스마트 교실이 자리 잡고 있다. 스마트 교실은 센서와 AI 기술을 통합하여 교사와 학생 모두에게 혁신적인 교수·학습경험을 제공하여 기존의 교육 방식을 넘어서는 새로운 패러다임이다. 스마트 교실의 중요성은 '일률적이고 정적인 방식'인 전통적인 교육에서 '대화형(interactive), 원격(remote), 모바일(mobile)' 요소가 적용된 스마트 교실로 대체한다. 예를 들어 스마트 교실은 교사가 학생 개개인의 필요에 맞춘 수업을 설계할 수 있게 하고, 학생은 자신의 학습 속도와 관심사에 따라 몰입할 수 있는 환경을 제공한다. 이는 단순히 기술의 도입을 넘어, 교육의 본질을 재정의하는 변화로 이어진다. 최근 몇 년 동안 스마트 센서 기술은 교육 혁신의 핵심 도구로 부상했다. 센서 기술은 AI, 지능형 학습 기술, 사물 인터넷, 정보 기술, 빅 데이터 등 여러 첨단 기술을 교실에 적용하는 데 필수 기본 요소다. 스마트 교실에서 센서는 학생들이 학습 과정을 데이터 형태로 수집한다. 수집된 데이터를 기반으로 지능형 시스템은 학생과 교사에게 학생들의 학습경험의 개인화와 교육 효율성을 극대화할 수 있는 전례 없는 기회를 제공한다(유정수, 2021; 한국교육학술정보원, 2022; Zhang et al., 2024).

AI+교육=스마트한 교육 디지털 생태계

교육 분야에서 AI 기술의 혁신은 교육의 질적 발전을 촉진하기 위해 주로 교수·학습 과정의 재구성, 지식 공급 형태 전환, 교육 평가 모델의 최적화, 교육 관리 형태의 혁신 측면에 반영된다.

우리나라는 AI가 중심적인 역할을 하는 미래를 준비하기 위해, AI의 광범위한 사회적 합의를 고려해서 2022년 개정 교육과정을 통한 초·중등 및 고등교육에 AI를 통합했다. 이로써 학생들은 AI 기반 경제에서 성공하는 데 필요한 기술을 갖출 기회를 제공 받았다.

학교는 학생을 교육하는 데 중추적인 역할을 한다. 학교는 AI·디지털 기술을 교수법에 통합하여 교사의 업무 부담을 줄여 주고, 전문성 개발에 집중하도록 도와주어야 한다. 이를 통해 수업의 질을 향상할 수 있도록 지원해야 한다.

최근 '인간-컴퓨터 협력 교수법(human-computer collaborative teaching)'이 보편화됨에 따라, 교사는 지식 기반 교수법에서 AI의 혁신적인 역할을 인식하고 학습 설계, 성과급, 학생과의 정서적 소통과 같은 측면에 집중하도록 지원하고 있다. 인간-컴퓨터 협력 수업은 디지털화된 교육개혁의 핵심 산물이다. 지능형 기술과 교육 실무의 심층적인 통합을 통해 교육 분야의 비약적인 발전을 촉진한다. 지능형 기술의 도입은 교육 효율성을 향상할 뿐만 아니라, 기존 교육의 단점을 보완하고 현대화된 교육 생태계 구축에 강력한 원동력을 제공한다. 미래에는 인간-컴퓨터 협력이 일상 교육에 도입되어 교육 혁신을 촉진하는 기술 역량 강화, 교육 형평성 향상을 위한 최적의 자원 배분, 개인의 필요에 맞춘 맞춤형 학습 지원, 그리고 교사의 변화를 지원하는 역할 다각화 교육 발전을 위한 많은 기회를 가져올 것이다(Zhao & Yang, 2024).

따라서 인간-컴퓨터 협력 교수법은 미래 교육 발전을 위한 필연적인 방향이 될 것이다. 교사는 AI 기술을 활용하여 수업을 설계하고 실행할 수 있어야 하는데 오늘날 교사들의 AI 소양 역량은 상당한 개인차를 보인다. 따라서 교사들에게 AI 도구 사용, 데이터 분석의 기본, 그리고 교수 설계 최적화 전략에 대한 지속적인 교사 연수를 실시해야 할 것이다. 학생들은 AI 기술의 도움을 받아 독립적으로 학습할 수 있는 능력을 개발할 수 있도록 AI 소양을 교육과정에 포함해야 한다.

교육 현장의 과제 해결을 통해 새로운 가치 네트워크를 창출하는 스마트한 교육 디지털 생태계를 구축하기 위해서 정부는 학생, 교사, 학부모, 학교 관리자 및 에듀테크 기업 간의 소통 장벽을 허물고, 지역 교육 클라우드 플랫폼 개발과 부서 간 데이터 흐름을 지원하는 정책을 수립해야 할 것이다. AI 시대의 도래로 교육 생태계가 변화하고 있으며, 교사는 사회적 요구에 부응하는 창의적 사고 능력과 적응력을 갖추도록 노력해야 한다.

정책 입안자들을 위한 권고

점점 더 복잡해지는 기술 발전과 사회경제적 역학 관계에 따라 교육은 새로운 기술의 발전에 적응하고 따를 수 있어야 한다. 이를 달성하는 한 가지 방법은 끊임없이 진화하는 세상의 요구에 맞게 공교육 교육과정을 지속적으로 조정하는 것이다. 관련 교육과정을 통해 학생들이 새로운 기술, 경제, 사회 등 다양한 분야의 글로벌 도전 과제에 대처하는 데 필요한 역량을 함양할 수 있도록 도와주어야 한다.

따라서 정부와 정책 입안자들은 항상 글로벌 발전과 추세, 그리고 끊임없이 진화하는 기술을 필요로 하는 직업 세계 변화를 지원하는 정책을 만들기 위해 노력해야 한다. 교육의 질을 향상할 수 있는 변화를 구현하기 위해서는 다양한 당사자 간의 협력이 필수다. 미래 교육 정책은 학생들이 점점 더 역동적인 노동시장에 적응하는 데 도움이 되는 새로운 기술, 사회적, 인지적 기술을 포함하여 변화하는 직업 세계의 요구와 관련된 기술을 접할 수 있는 정책적 접근이 필요하다.

국가별로 많은 교육정책을 수립하여 현격한 교육 성과를 이루고 있으나 모든 학생이 공평하고 공정하게 양질의 교육을 받을 수 있도록 보장하기 위해서는 기술 도입에 따른 국가 예산, 자원의 우선순위, 왜곡되지 않은 교육과정이 공교육 교실에서 실행되어야 할 것이다(OECD, 2020; Lee & Jeong, 2023; Ghimire & Edwards, 2024).

유네스코 교육분과는 AI 기술이 기존 학교 교육의 가장 큰 과제들을 해결하고, 교수 · 학습 방식을 혁신하며, 궁극적으로 지속가능발전목표(SDG, Sustainable Development Goal) 달성을 가속할 잠재력을 가지고 있음을 보았다(UNESCO Education Sector, 2021).

UN의 지속가능발전목표4는 '포괄적이고 공평한 양질의 교육을 보장하고 모두를 위한 평생 학습 기회를 촉진하는 것'을 목표로 하며, 또한 교육에서의 성차별 해소와 취약 계층의 교육 접근성 보장 이슈도 포함하고 있다(UNs). 유네스코는 AI의 본질, 즉 정의, 기법, 그리고 기술에 대한 기본적인 내용, 교육에서 AI를 윤리적이고 포용적이며 공평하게 활용할 수 있는 방법, 교육이 인간이 AI와 함께 생활하고 일할 수 있도록 준비하는 방법, 그리고 AI를 교육 향상에 적용하는 방법, AI를 활용하여 SDG 4를 달성하는 데 따르는 과제를 소개하고, 정책 입안자들이 지역적 맥락에 맞는 정책과 프로그램을 계획할 수 있도록 구체적이고 실행할 수 있는 권장 사항을 제시하고 있다(UNESCO Education Sector, 2021).

따라서 정책 입안자들은 배경이나 상황과 관계없이 모든 학생의 요구를 충족하는 회복력 있고 포용적이며 미래에 대비한 교육 시스템을 개발하기 위해 이러한 과제를 인식하고 해결해야 할 것이다. 그리고 실제로 우리가 알고 있는 교육 시스템의 미래를 성찰하는 것뿐만 아니라, 평생 및 전 생애에 걸친 학습 재분배 방안도 고민해야 할 것이다.

미래의 학교와 교육의 연결에서 AI 기술이 중요한 역할을 할 것임은 분명하다. 따라서 학교 교실의 교수 · 학습 목표와 무관하게 개발자와 시장의 아이디어를 기반으로 설계된 에듀테크 프로그램이나 교육 플랫폼 사용은 지양되어야 하며, 교사의 전문적인 판단이 반영되어야 할 것이다.

AI의 역할이 교육의 미래를 결정할 것인가? 빠르게 변화하는 세상에서 교육은 과거의 교훈에만 의존해 미래를 준비할 수 없다. 미래는 이미 다가왔으며, 교육 시스템은 이를 통해 배워야 한다. 우리의 성공은 얼마나 효과적으로 지식을 활용하여 미래를 예측하고, 얼마나 신속한 조처를 하여 미래를 구체화하느냐에 달려 있다.

참고문헌

유정수(2021). "미래 디지털 기술과 학교 공간의 융합". 《학교 공간, 이렇게 바꿨어요!》, 232~257쪽. 창비.

한국교육학술정보원(2022). "스마트환경 가이드라인 2.0". 한국교육학술정보원.

Ghimire, A. & Edwards, J.(2024). From guidelines to governance: A study of AI policies in education. *Proceedings 25th International Conference, AIED 2024*, pp.299~307.

Lee, J. & Jeong, H.(2023). Keyword analysis of artificial intelligence education policy in South Korea. *IEEE Access, 11, pp.102408~102417.*

OECD(2020). Back to the future of education: Four OECD scenarios for schooling. *Educational Research and Innovation.* OECD Publishing.

UNESCO Education Sector(2021). AI and education: Guidance for policy-makers. UNESCO.

UNs. Goals 4 Ensure inclusive and equitable quality education and promote lifelong learning opportunities for all. https://sdgs.un.org/goals/goal4

Zhang, X. et al.(2024). Smart classrooms: How sensors and AI are shaping educational paradigms. *Sensors, 24*(17), 5487.

Zhao, L. & Yang, H.(2024). Mathematically intelligent human-computer collaborative teaching: Opportunities, challenges and countermeasures. *International Educational Research, 7*(3), pp.11~18.

유정수

전주교육대학교 컴퓨터교육과 교수다. 충남대학교에서 계산학(인공지능) 박사 학위를 받았다. 전주교육대학교에 1992년부터 재직하고 있으며, 전산소 소장, 학생처장 및, 교육대학원 원장을 역임했다. 한국정보교육학회 회장, 한국정보처리학회 상임부회장, 한국과학창의재단 미래혁신인재단 단장(전문위원), 교육부 AI교육정책지원단 단장, 대통령직속 4차산업혁명위원회 제도개선 위원회 위원, 대통령직속 국가균형발전위원회 자문위원으로 활동했다. 현재는 한국정보통신학회 수석이사와 인공지능산업법학회 고문으로 활동 중이다. 주요 저서로 《소프트웨어 교육론》(2018), 《학교 공간, 이렇게 바뀌어요! 미래 학교 만들기 프로젝트》(2021), 《디지털 대전환 시대의 융합성장 전략》(2022), 《생성형 AI 프롬프트 디자인》(2023) 등이 있다. “Analysis of Factors Affecting Digital Textbook Pricing in Korea ”(2019), “에드위드(edwith)의 적응형 이러닝 교육 플랫폼으로 진화 가능성 탐색 연구”(2023) 등 많은 논문을 KCI 등재학술지 및 SCOPUS 학술지에 게재했다.